Lebensansichten einer gepflegten Tunte

Ein praktischer Leitfaden

~

von Penelope

für Dich

© Querverlag GmbH, Berlin 1997

Erste Auflage September 1997

Photos: Göran Hajek

Umschlag und graphische Realisierung von Sergio Vitale unter Verwendung eines Photos von Göran Hajek
Gesamtherstellung: Fuldaer Verlagsanstalt
ISBN 3-89656-020-4
Printed in Germany

Bitte fordern Sie unser Gesamtverzeichnis an:
Querverlag GmbH, Akazienstraße 25, D-10823 Berlin

Vornotiz

Die vorliegende kleine Schrift sollte eigentlich zum Untertitel haben: *Gepflegtes Tuntentum – Ein praktischer Leitfaden zur moralischen Beförderung desselben unter besonderer Berücksichtigung der Karyatiden des Erechtheions.* Das hat der Verlag aber nicht gewollt.

Inhalt

Zum Geleit

Mein schon damals geschiedener Mann und ich selbst fuhren gerade von der Heide zurück zu der Stadt, in der wir wohnten. Das alles liegt weit zurück, und die Erinnerung mag manches vergoldet haben. Es war eine fürchterliche Zugfahrt, während derer wir beide uns bemühten, möglichst entspannt zu plaudern und bestimmte Themen zu vermeiden. Sie werden die Situation kennen. Wir fuhren gerade an irgendeinem See vorbei, als mein Mann sich zu sagen bemüßigt fühlte, daß es doch ein wirklich schöner Urlaub gewesen sei. Er log selten, und ich wußte nicht recht, was er sagen wollte. Er versank in Schweigen und blickte in die vorübergleitende Landschaft, beziehungsweise diesen See, von dem ich bis heute nicht weiß, wieso er da lag. Aber das ist ja auch egal. Jedenfalls hatte ich den Eindruck, mein lieber Mann ließ die gemeinsam verbrachte Zeit noch einmal im Geiste Revue passieren, um auch selbst herauszufinden, was genau denn nun an diesem Urlaub schön gewesen sein könnte. Aber vielleicht täuschte mich mein Eindruck auch.

Als wir den See fast hinter uns gelassen hatten und ein wunderbares, unberührtes und sumpfiges Ufer in Sicht kam, inspirierte ihn der Schlamm dieses Ufers in der Erinnerung an eine meiner kleinen Szenen zu dem großen Satz: „Schlammwerfen ist ja eigentlich keine typische Tuntentätigkeit."

Womit er, obwohl er nie recht hat, nicht ganz falsch lag.

Ich hätte eben doch das gute Sèvres-Porzellan zu jenem anderen unberührten, friedlichen und sumpfigen Seeufer mitnehmen sollen. Dann hätte ich nicht stillos werden müssen, indem ich mit Schlamm schmiß, sondern hätte etwas Passenderes und Angemesseneres zum Werfen gehabt.

Nun, die Gelegenheit ist verstrichen und war es schon zum Zeitpunkt des Gesprächs. Es läßt sich nicht mehr ändern, daß ich seinerzeit mit Schlamm nach meinem Mann warf – seine Mutter heißt übrigens Gertrud –, aber wie ich aus jeder Lebenslage das Beste zu machen trachte und meistens auch pflege, veranlaßte mich seine nicht ganz vorwurfsfrei geäußerte Feststellung dazu, einen kleinen sozial-philosophischen Plausch über das Wesen des Tuntentums zu beginnen, um weiteres Übel abzuwenden. Mein damaliger Mann möchte übrigens nicht namentlich genannt werden und heißt Christoph (Name geändert).

Dieser Wunsch ging dann auch in Erfüllung, so daß Michael – wie mein in jenem See endgültig verflossener Mann in Wirklichkeit heißt – und ich dieses Gespräch bis zur Ankunft in unserer Heimatstadt ausdehnen konnten. Kleinere notwendige Exkurse streiften dabei die Welt- und Wetterlage.

Auf dem Bahnhof bemerkte Christoph lächelnd, daß diese Unterhaltung über das Tuntentum doch sehr nett gewesen sei trotz meines ewigen Harmoniebedürfnisses, das einen Gedankenaustausch ja immer etwas erschwere. Ich spreizte zur Antwort meine Mundwinkel ein wenig nach außen, und unsere Wege trennten sich bis auf weiteres. So hat mich Christoph also endgültig allein gelassen.

Bei mir blieb nur die Frage nach Wesen und Praxis des Tuntentums.

Seit dieser Zeit trage ich sie im Herzen und habe sie mit verschiedenen Kolleginnen sorgsam erwogen, vor allem aber mit Gisela, der Busenfreundin, der ich an dieser Stelle für ihre Liebe danken möchte.

Über dieses Buch

Zwei meiner zentralen Lebensansichten darf ich Ihnen, verehrter Leser, und Ihnen, schöne Leserin, gleich zu Anfang meines kleinen Werkes vorstellen.

Die eine lautet dahingehend, daß erstens jeder von uns eine gepflegte Tunte sein kann, wenn sie nur will und sich ein bißchen Mühe gibt, und zweitens, daß es für die Welt nur gut sein kann, wenn es möglichst viele Tunten – allerdings gepflegte – gibt.

Deshalb, und weil ich glaube, daß Sie sich diese Meinung während der Lektüre dieses Büchleins vielleicht zu eigen machen werden, habe ich weite Teile für Sie in der Form der Anleitung, des Ratgebers oder Leitfadens verfaßt.

Ich hoffe, Sie werden mir diese kleine Eitelkeit, wie auch die Anmaßung eines gelegentlichen Imperativs, verzeihen wollen.

Weil nicht die Quantität entscheidet – dieser großmütterliche Satz steht durchgestrichen im Stammbuch jeder gepflegten Tunte –, beschränke ich mich auf einige wenige grundsätzliche Kapitel. Diese haben nicht alle im schulmeisterlichen Sinne lehrhaften Charakter, vielmehr werden Sie neben essayistisch gehaltenen, theoretischen Plaudereien und den erwähnten anleitenden, geradeheraus didaktischen Lektionen auch Kapitel finden, in denen ich Beispielhaftes, Erbauliches und für das Wesen des Tuntentums Erhellendes aus meinem Leben ausplaudere.

Diese drei unterschiedlichen Darreichungsformen werden, so hoffe ich, ein rundes Bild meiner Lebensansichten und damit des Weltbildes einer Tunte abgeben.

Stellen Sie sich vor, ich führe Sie durch ein Schloßmuseum und erläutere Ihnen dabei dieses Schloß. Angefangen bei der Rokokotreppe gehen wir durch die Bibliothek, werfen einen Blick in die Schloßküche, winken uns im Spiegelsaal zu, um schließlich im Salon Abschied zu nehmen. Dabei versuche ich, Ihnen Schönheit von Gebäuden dieser Art nahezubringen, und liefere Ihnen ganz nebenbei eine Anleitung, wie Sie sich selbst ein Schloß bauen können.

Und wenn man ein Schloß hat, da weiß man doch, was man hat.

Vorrede

Die Zeiten sind schlecht, schlecht, überschlecht; sie sind es seit mindestens fünfhundert Jahren. Seit Herrn Spenglers überaus dankenswertem Buch *Der Untergang des Abendlandes* ist dasselbe seit nunmehr über fünfzig Jahren mitsamt demselben im Sinken begriffen: Große Dinge wie ganze Abendländer brauchen eben etwas länger, bis sie ganz überflutet sind. Das Paradies haben wir allerdings an einem Tag verloren. Ich will nun aber nicht zu weit ausholen.

Seit Spengler wissen wir ja wenigstens auch, woran es liegt, daß es bergab geht. Zur Zeit ist es aber wieder einmal besonders schlimm, deshalb wollen die Schwulen wieder richtige Kerle sein.

Nach hundertfünfzig Jahren sind wir glücklich wieder im Biedermeier angelangt, und man hat sich mit seiner Techno-Musik und -Kultur in die Privatheit zurückgezogen. Das ist böse von der Welt. Wobei man nicht vergessen sollte, daß gerade auch praktische Leitfäden im Biedermeier ihre Blüte erlebten.

Das Tuntentum muß sich kontraemanzipativ schimpfen lassen, und eine nicht unbeträchtliche Menge Schwuler – und wir sind ja gleich nach der türkischen Bevölkerung in Deutschland die größte Minderheit; nicht ohne Grund wohnen so viele Schwule in Kreuzberg; aber das ist ein anderer Grund – hat wieder angefangen, alte gesellschaftliche Werte zu festigen, so auch den vom Mannsein. Und das ist besonders böse! Doch wenn man sich dann so einen echten unterbehemdeten und stinkenden Mann mit nach Hause nimmt, und er seine Zahnbürste auspackt und gefickt werden will, dann fragt man sich doch so als alte Literaturwissenschaftlerin, was Form und Inhalt da noch miteinander zu tun haben. Nichts gegen eine solide Zahnpflege – ich meine nur, wenn man schon eine Tunte ist, und nur die wenigsten Schwulen sind ja Tunten, von gepflegten Tunten ganz zu schweigen, nur daß es noch einmal gesagt ist – dann soll man auch eine sein, sonst gibt es Magengeschwüre und Herzinfarkte. Diese Herzinfarktler fressen dann das schöne Steuergeld wieder weg, das die vielen Karriereschwestern bezahlen, und das ist doch weitaus kontraemanzipativer, sowohl diese ewigen Herzinfarkte und Magengeschwüre, als auch das dadurch bedingte Aufbrauchen des Steuergeldes. Stellen Sie sich mal vor, wieviele Transrapids man davon bauen könnte!

Deshalb also diese kleine Schrift: für form-inhaltliche Einheit, gegen Magengeschwüre, für ein gepflegteres Tuntentum.

Vorwort

In Vorworten liest man oft, daß man das Vorwort nicht lesen muß, weil ohnehin *nichts von Interesse*, nur Privates und Nebensächlichkeiten, die man sich aber nicht habe verkneifen können, darin stünde. So zeigt man sehr hübsch mit diesem Satz selbst, was gemeint ist mit *nichts von Interesse*. Solch eine vollkommene Entsprechung von Form und Inhalt ist zwar einerseits selten zu finden und deshalb schön, andererseits ist sie in dieser Art schon eher eine Standardausführung, und man würde sie sich vielleicht besser sparen. Von daher bin ich gerade ein bißchen hilflos, was ich machen soll.

In einer andern Art Vorwort wird erklärt, wie man das vorliegende Buch möglichst nutzbringend benutzt. Meistens soll man es lesen. So auch dieses Buch. Und zwar am besten nicht auf einmal, sondern häppchenweise, wie man ja auch nur eine Schachtel Pralinen essen soll, sonst macht es keinen Spaß, weil es einer schlecht wird.

Dann möchte ich mich auch noch in aller Kürze, aber mit gebührendem Ernst dafür entschuldigen, in den folgenden kleinen Ausführungen die Wendung „man" anstelle einer Passiv-Konstruktion zu gebrauchen, weil alles andere albern ist. Was nicht heißen soll, daß es nicht zugleich auch eine wertvolle Erweiterung unserer Sprache ist, wenn frauR frau schreibt. Nur ist diese Handhabung nicht zuletzt ein bißchen

19

diskriminierend für die armen Männer, und die werden in diesem kleinen Leitfaden ohnehin nicht so gut
wegkommen, wie sie es verdienen.

An die geneigte Leserin

Meine Liebe! Wie soll und kann ich wissen, wie Sie dieses Buch aufnehmen? Ich muß Ihnen nicht sagen, wie komisch die Menschen sind. Wer kann wissen, welche Ironie sie ernst nehmen und welchen Ernst sie für Ironie halten! Ich möchte Ihnen empfehlen, aus dieser kleinen Schrift den besten Gewinn und den größten Nutzen zu ziehen. Dafür habe ich sie geschrieben!

Verehrte Leserin, schöner Leser! Ich möchte unsere kleine Schloßführung beginnen, indem ich Sie auf diese außergewöhnliche Rokokotreppe aufmerksam mache. Bitte streifen Sie zu Ihrem eigenen Schutz und zum Schutz dieses ehrwürdigen Gebäudes die für Sie bereitgelegten Filzpantoffeln über. Vorsicht, Stufen!

Nun aber endlich, viel Vergnügen beim Erkunden des Schlosses!

Die Rokokotreppe

Wie soll die gepflegte Tunte leben?

Sie sind eine ungewöhnliche Frau – es bleibt Ihnen auch gar nichts anderes übrig. Sie tragen grundsätzlich keinen Büstenhalter und stehen bisweilen im Mittelpunkt der Straße oder des Blumenladens, weil Sie eben ungewöhnlich sind. Selbst wenn Sie eben eine ganz normale Tunte sind.

Im Mittelpunkt wollen viele Leute stehen, deshalb sind sie oft neidisch auf Sie und wollen Ihnen manchmal sogar etwas Böses oder etwas Gemeines antun. Was man selber will und sich nicht traut, das haßt man beim anderen, wie wir wissen. Auch die grenzenlose Undankbarkeit der gemeinen Schwulen den Tunten gegenüber – denn wem verdanken wir die Rechte, die wir genießen und die uns selbstverständlich scheinen? Sicherlich nicht den schwulen Bankangestellten und Ärzten! – hat sicher mit diesem Mechnismus zu tun.

Wenn Sie also im Mittelpunkt stehen, weil Sie in irgendeiner Weise auffällig sind, lösen Sie bei gar nicht zu wenigen Leuten Aggression aus. Dank Emotionsunterdrückung, die uns vom Kindesalter an beigebracht wird, setzen allerdings nicht zu viele ihre Gefühle auch in die Tat um. Da verdanken wir unserer verkorksten Gesellschaft auch mal was!

Wenn Sie nun aber nicht in irgendeiner Weise auffällig sind, sondern dadurch, daß Sie Frauenkleidung tragen, verletzen Sie auch noch ein Tabu. Und das läßt man Sie auch spüren.

Denken Sie nun aber nicht, nur weil es ein bißchen gefährlich ist, sich in die Welt zu wagen, würde ich Ihnen davon abraten oder Ihnen den Schluß nahelegen, es gäbe eben keinen Weg zu leben und zu sein. Ganz im Gegenteil! An der Weltkugel hängt kein Schild: „Betreten verboten!" Und ich würde es auch nie aufhängen wollen. Wenn Sie auch Ihre schwachen Stunden haben, in denen Sie lieber zu Hause bleiben oder sich als Motorradfahrer verkleiden möchten, um sich der real existierenden Bedrohung da draußen nicht auszusetzen, so ist das doch erstens keine Lösung und zweitens auch gar nicht nötig.

Die Columbus-Methode

Machen Sie es einfach wie Columbus seinerzeit. Er sagte sich, *totum mare navigabile* – das ganze Meer ist befahrbar, er meinte besegelbar – und fuhr einfach los. Allerdings hatte er sich von der damaligen Regierung Geld geben lassen. Darauf werden Sie vermutlich verzichten müssen – jedenfalls, solange die Revolution noch nicht vonstatten gegangen ist. Segeln Sie einfach los! Glauben Sie fest daran, daß die Erde keine Scheibe ist, sondern eine Kugel: denn die Oberfläche einer Kugel hat, wie man weiß, gar keinen Mittelpunkt.

Mit der Columbus-Methode schließen Sie aus, und zwar ein für allemal, daß ausgerechnet Sie im Mittelpunkt aller Welt stehen, wenn Sie im Blumenladen überlegen, ob rote oder gelbe Rosen.

Die Erdoberfläche, auf der Sie sich bewegen, hat keinen Mittelpunkt. Halten Sie sich das stets vor Augen!

Sollte Sie wider Erwarten doch mal jemand blöde anstarren, setzen Sie ihn höflich, aber bestimmt davon in Kenntnis, daß die Erde rund ist!

Für viele Heten wird das zunächst unglaubwürdig klingen – sie glauben nur an das, was sie sehen! Oder jedenfalls werden sie den Zusammenhang nicht ganz verstehen. Wenn dieser Fall eintritt, und Sie müssen dessen immer gewärtig sein, seien Sie nicht traurig! Denn Sie wissen, Sie haben recht und gehen immer in der Wahrheit.

Unter der flachen Erdscheibe ist die Hölle. Wünschen Sie die dumme und unwissende Hete dorthin. Denken Sie an Galilei, und seien Sie stark! Sie wissen: Für Sie gibt es keine Hölle, weil Ihre Erdkugel einfach keine mehr birgt.

Für Sie gibt es in Ernstfällen immer noch die Flucht. Ziehen Sie vorher Ihre Pumps aus.

Kaufen Sie keine teuren Nylons. Es lohnt sich nicht.

Der Moment des Schuhauszugs, wenn Sie ihn mit gelassener Selbstverständlichkeit durchführen, wird Ihnen einen Augenblick Aufschub geben, bevor die Hete – übrigens werden statt Heten auch gerne Klemmschwestern zu diesem Zweck verwendet – zum Angriff übergeht. Diese Aktion verwirrt die Hete. Heten sind ja bekanntlich nicht so schnell.

Sie können die eingetretene Verwirrung auch zur Flucht nach vorn nutzen, bevor Sie weglaufen. Wenn Sie Rechtshänder sind, ziehen Sie zuerst den linken Pump mit der linken Hand aus. Das ist einfacher und besser. Dann den rechten mit rechts. Erfassen Sie mit einem kurzen Blick den Standort und die Stellung des

Gegners, und schließen Sie die Augen, um die Grausamkeit nicht mitansehen zu müssen. Sie sind ein friedlicher Mensch! Dann schlagen Sie den Pfennigabsatz Ihres rechten Schuhs in das rechte oder linke Auge und den anderen in das Genital Ihres Gegenübers. Dazu hat man den Pfennigabsatz ja erfunden. Vermeiden Sie unbedingt Plateauschuhe, wenn Sie handwerklich nicht sehr geschickt sein sollten, weil die deutlich schlechter zu handhaben sind. Das Augenschließen senkt auch Ihre Hemmschwelle.

Die genannten Positionen haben sich in der Praxis bewährt. Der heftige Kontakt des Absatzs mit dem Auge des Mannes führt zu Blindheit des einen Auges, die Sie verantworten können, weil der Mensch zwei Augen hat und weil es außerdem, wie wir oben gesehen haben, sowieso zu nichts Gutem führt, wenn Heten an das glauben, was sie sehen. Wozu der Kontakt mit dem Genital eines Mannes führt, wissen Sie vielleicht schon aus eigener Erfahrung.

Man wird sich in Bezug auf die zu befürchtende Zeugungsunfähigkeit ein ganz unerklärliches Gefühl von befriedigter Rache nicht absprechen können. Das ist ja ein häßliches Gefühl, dem Sie keinen großen Raum bieten sollten. Wenn Sie das Bedürfnis haben, sprechen Sie mit einer Freundin darüber.

Denken Sie daran, dieses Mittel nicht über Gebühr in Anspruch zu nehmen. Es ist erstens sehr anstrengend, vor allem in der eigenen Aufarbeitung, zweitens ist es dem interorientativen Friedensprozeß nicht förderlich – und Heten sind ja ganz putzig, wenn man mal davon absieht, wie sie aussehen.

Alpträume sind auch Träume!

Die Möglichkeit einer solchen Konfliktsituation soll Sie aber in keiner Weise schrecken: Jede Herausforderung ist eine Chance zu innerem Wachstum. Was ist das schon für eine Leistung, eine ruhige Ozeanin zu sein, wenn gar kein Wind weht?

Keine besonders interessante!

Sie können bestimmten Dingen nicht entgehen, auch wenn Sie einmal ungestört etwas anprobieren möchten oder wenn Sie sich nach einem erfolgreichen Spießrutenlauf durch die Toilette des Cafés – sei es die für Herren oder die für Damen – bei einer Tasse Espresso oder einem Täßchen Bohnenkaffee erholen möchten: Sie bleiben nie ganz unbemerkt. Stets im Mittelpunkt und angestarrt. Damit muß man leben. Und man muß es lieben lernen. Machen Sie die Not zu einer Tugend: Seien Sie eine ungewöhnliche Frau!

Seien Sie eine ungewöhnliche Frau, und vermitteln Sie Ihrer Umgebung das Gefühl, Sie genössen es, angestarrt zu werden. Sitzen Sie aufrecht, und lächeln Sie. Aber Vorsicht! Wenn Sie die Tasse an den Mund setzen, verschütten Sie nichts und machen Sie keine Lippenstiftabdrücke auf die Tasse! Lippenstiftspuren gehören auf Hemdkragen, nicht auf Tassen.

Das ist eine wesentliche Aufgabe der Tunte und des Tuntentums, das mit dem Lieben und Lieben-lernen – nicht die Sache mit der Herrenbekleidung und dem Produkt der Kosmetikindustrie auf derselben.

Wenn Sie ein Buch schreiben, vermeiden Sie Wortwiederholungen, seien Sie lieber etwas umständlich! Das fällt nicht so auf.

Wenn Sie gute Laune haben, können Sie auch freundlich grüßen, wenn Sie jemand blöde anglotzt. Die meisten Männer haben dann ein schlechtes Gefühl, weil ihnen der Gedanke peinlich ist, einer ihrer Freunde oder Bekannten könnte den Vorgang verfolgen und denken, Sie seien mit ihm befreundet.

Diejenigen Helden, die von sich denken, sie seien ein bißchen langsam und vergeßlich, werden sich fragen, woher Sie sie kennen. Von diesem Gedanken geplagt wird der Betreffende unweigerlich gegen eine Litfaßsäule oder ein Verkehrsschild laufen. Halten Sie immer einen Streifen Pflaster und etwas Kühlspray von 4711 bereit, und sagen Sie nichts Falsches. Männer wollen nicht nicht bedauert werden, sondern wollen Gelegenheit haben zu behaupten, daß sie kein Mitleid brauchen, weil „das ja nichts" sei. Aber wir haben alle unsere kleinen Schwächen.

Eine Tunte etwa in ähnlicher Situation – zum Beispiel wenn sie gegen eine Wand läuft, weil sie zufällig ein Männchen und ein Weibchen beim Küssen sieht und sich gedankenverloren fragt, was die beiden da zusammen machen, wie es mir mal passiert ist, als ich noch jung war – wird sich nach einem kurzen Exkurs über die Ungerechtigkeit der Welt – zur Einführung ist hier vor allem das letzte Kapitel aus Grimmelshausens *Simplicissimus* zu empfehlen: „Adieu Welt ..." – eher lautklagend über die ihr von derselben so ungerecht zugefügte Verletzung beschweren. Dieses lautstarke Klagen geschieht aber nicht etwa, wie so oft angenommen, aus Wehleidigkeit, sondern vielmehr um der Freundin oder dem Freunde, die sich gerade in der Nähe aufhalten, andernfalls eben angerufen werden müssen, die schöne Gelegenheit zu bieten, Sie zu trösten.

Es ist nämlich ein Akt der Menschenfreundlichkeit, dem andern die Gelegenheit zu geben, ein guter Mensch zu sein, ohne daß es ihn oder sie große Mühe kostet.

Ein wenig bin ich abgeschweift. Es ging ja darum, wie man als gepflegte Tunte mit den Männern in der Außenwelt umgeht.

Seien Sie sich auch immer bewußt, daß Sie als Tunte überhaupt nichts falsch machen können! Dieser Gedanke wird Ihnen ein befreiendes und lösendes Gefühl vermitteln. Denn allzuoft macht man sich ja Gedanken über die unnötigsten Dinge. Denken Sie vor allem nie, daß Sie wüßten, was ein anderer von Ihnen denkt.

Die Menschen sind so seltsam – nur die Tunten nicht. Da können Sie gar nicht wissen, was ein anderer denkt oder findet. Nochmals gesagt, weil es so schön ist: Sie können nichts falsch machen! Das einzige ist, daß die Reaktion, die Sie auslösen, nicht die ist, die Sie geplant haben. Aber was immer Sie wieder gemacht haben, es war nicht falsch, selbst wenn Sie sich handgreiflich wehren mußten, oder wenn Sie Ihr Kühlspray versehentlich in jemandes Augen gesprüht haben – und wer weiß, was sich ergibt. Denken Sie an die ungeheuere Weite des Ozeans und an die Unzahl seiner Inseln!

Nach diesem am Beispiel vorgeführten Prinzip des Verhaltens und der eigenen Bewertung der eigenen Handlung möchte ich nun auf einige speziellere Situationen und Lebensbereiche eingehen. Der Übersicht halber habe ich sie einzeln behandelt und jeweils mit Überschriften versehen, damit die schnell Lesenden unter Ihnen das für Sie Interessante und Nützliche sofort finden können.

Instrumentalisierung der Liebe

~

Wenn Sie bereits zu den Benutzerinnen von Dildos zählen, können Sie an dieser Stelle aufhören zu lesen.

Den andern jungen Damen sei geraten, sich dringend ein solches Gerät anzuschaffen. Schließlich erleichtert man sich auch das Wäschewaschen mit einer Waschmaschine und findet es nicht unanständig. Und warum auch?

Ich persönlich ziehe kleinere Dildos den größeren vor. Man kann dann etwas hingebungsvoller sein, ohne einen Darmriß fürchten zu müssen.

Spaziergänge

~

Meine Spaziergänge auf dem Wasser enden zumeist darin. Ich denke, den meisten von uns wird es ebenso gehen, und ich möchte mich an dieser Stelle deutlich gegen diese Unsitte aussprechen: Nur wirklich berufene Tunten sollten auf dem Wasser spazierengehen. Uns anderen bleibt geraten, sich mit gängigeren Sportarten zu bescheiden.

Fernsehen

~

Zu den wenigen Dingen der Welt, die ich nicht ganz durchschaue, gehört das Fernsehen, beziehungsweise die Menschen, die Fernsehen sehen. Warum setzen sich so viele Menschen Stunde um Stunde vor dieses Gerät und langweilen sich? Und dann geben sie dem Gerät die Schuld für ihre eigene Langeweile und beschweren sich über das Programm. Dabei kann man doch viel Angenehmeres und zugleich Sinnvolleres machen, um sich dabei zu langweilen, etwa sich mit einer Freundin betrinken und dann seine Wohnung völlig neu gestalten. Daran hat man auch am nächsten Tag noch Freude.

Opferrolle

Verschaffen Sie sich Klarheit darüber, inwiefern Sie Opfer sind und inwiefern Sie Opfer sein wollen. Nichts ist nervtötender als eine Freundin, die sich ständig über die Schlechtigkeit der Welt beklagt und zugleich immer mit aller Kraft dafür sorgt, daß sie das Opfer sein kann und sich selbst dazu macht, ohne es zuzugeben. Das sagt mir jedenfalls meine beste Freundin Gisela, ohne recht zu wissen – wie sie sagt –, warum sie immer mit mir darüber redet.

Der Trick am Opfersein ist, daß man sich so einen starken Mann mit breiten Schultern herbeilockt, der einem hilft und helfen soll. Nicht selten klappt das auch ganz gut. Man muß aber die Wahrscheinlichkeit abzuschätzen lernen. Wenn kein starker Mann da ist, der einem helfen kann, braucht man auch nicht darüber zu reden, daß man wieder mal so ungerecht behandelt wurde.

Der andere Trick am Opfersein ist der, daß man Mitleid kriegt. Aber auch da gilt es, die Situation abzuschätzen. Manchmal nehmen Gewohnheiten und gewohnheitsmäßige Selbstdarstellungen auch so überhand, daß sie völlig automatisiert sind und man gar nicht mehr darauf achtet, ob eine bestimmte Selbstdarstellung hier und jetzt einen Sinn ergibt. Von diesem und jenem – und das sind nicht zuwenige, wenn man es sich mal langsam hin und her überlegt – wird man denn auch gar kein Mitleid wollen.

Krankenhaus
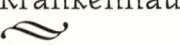

Auch in extremen Lebenssituationen gilt es, niemals Form und Haltung zu verlieren. Die Form nicht zu verlieren ist mit keinen weiteren Schwierigkeiten verbunden, sowohl Haut als auch Knochengerüst leisten da gute Dienste. Haltung hingegen bedarf des ständigen Festhaltens daran. Sie ist eine Frage der Selbstbewußtheit, wie ja überhaupt das ganze gepflegte Tuntentum.

Wenn Sie – und ich führe das als Beispiel an für eine Situation, die Sie aus Ihren gewohnten Lebenszusammenhängen reißt – sich in einem Krankenhaus als Patientin aufzuhalten gezwungen sind, sollten Sie Vorsorge treffen und einige dezente, aber wirkungsvolle Utensilien mitnehmen. Hier kommt es nicht so sehr darauf an, die Schönste zu sein, sondern lediglich, einen gewissen Standard zu halten. Das ist gerade auch für Ihre Selbstachtung wichtig, die den Heilungsprozeß beschleunigen wird.

Ich schlage vor, Sie beschränken sich im wesentlichen auf ein paar Sandaletten mit Schwanenpelzbesatz und eine Boa aus schwarzem Kunststoff. Die sind pflegeleichter als Federboas, und Sie können sich ganz auf den Erhalt Ihrer Schwanenpelzsandaletten und die Wiederherstellung Ihrer Gesundheit konzentrieren.

Tragen Sie im Krankenhaus nur leichtes Tages-Make-up! Alles andere wäre übertrieben, und man soll ja auch merken und es Ihnen ansehen, wie schlecht es Ihnen geht. Dafür machen Sie sich schließlich die Mühe!

Sobald es Ihr Zustand zuläßt, sollten Sie keinesfalls darauf verzichten, dem Pflegepersonal durch ununterbrochene Anmachversuche Ihre Sympathie zu zeigen. Das hebt die allgemeine Stimmung im Krankenzimmer. Nur wenn Ihre Eltern zu Besuch kommen, sollten Sie sehr dezent vorgehen. In diesem Fall kann man sich ausnahmsweise auf Anstarren und Angrabschen beschränken. Achten Sie aber stets darauf, ob es dem so Behandelten auch recht ist. Wenn nicht, fragen Sie nach einem Glas Wasser, und täuschen Sie eine kleine Ohnmacht vor. Oftmals erweckt das ein Mitleids- und Helfersyndrom.

Klavierspiel

Spielen Sie ohne zu zögern eher ausdrucksstark als richtig. Das fördert die Durchblutung. Sehen Sie gegebenenfalls freimütig über den Komponisten hinweg. Das ist kühn! Die Postmoderne ist nicht das Zeitalter der großen Schöpfungen, sondern der Interpretationen.

Pinkeln im Sitzen

Es ist ein altes, aber hartnäckiges Gerücht, daß man als Tunte nur im Sitzen pinkeln dürfe. Das ist eine Überkommenheit aus älterer Zeit, der wir heutzutage keine besondere Aufmerksamkeit mehr schenken müssen. Denn was ist der Zweck des Pinkelns im Sitzen? Doch wohl, daß man nicht daneben machen und sein Urin nicht als Marke hinterlassen soll. Wie leicht ist es aber geschehen, daß man sich hinsetzt, und dann fließt Urin über den vorderen Rand der Toilette!

Es nützt gar nichts, sich einfach nur hinzusetzen und zu denken, das allein reicht aus. Es kommt auch hier auf die richtige Haltung an! Setzen Sie sich nicht zu weit vorne auf die Brille, dafür geht sie bis nach hinten durch. Scheuen Sie sich auch nicht, Ihr Glied nötigenfalls mit der linken Hand leicht nach unten zu drücken, indem Sie die mittleren drei Finger benutzen.

Wenn es einer mal schlecht geht

Obwohl Sie als ungewöhnliche Frau ein wundervolles, schönes und aufregendes Leben führen – schon aus Prinzip –, mag es dann und wann so sein, daß Sie nicht mehr können und sich von all Ihrem Glück erholen müssen. Das ist völlig in Ordnung und geht den meisten Menschen so. Mißstände, über die man unglücklich sein kann, werden Sie selber genug kennen. Jede hat da so seine Spezialgebiete.

Man sollte sich aber ein paar Tricks zulegen, mit denen man dem Unglück wieder beikommen kann, wenn es sich verselbständigt hat und man keine Lust mehr hat zu leiden. Sozusagen die Krücken, mit denen man läuft, bis der Bruch abgeheilt ist.

Zum Beispiel: Wenn das Problem die Schlechtigkeit der Welt ist, kann man sein Radiogerät abmelden, wenn es denn angemeldet war, und sich darüber freuen, was für wundervolle Musiken man hören kann. Da schenkt einem die Luft was, und das ist toll!

Ein mittelalterliches Traktat empfiehlt bei Melancholie körperliche Ertüchtigung in freier Luft, Spaziergänge am Wasser, ehelichen Geschlechtsverkehr und das Lesen der Heiligen Schrift. Alledem kann ich mich aus Erfahrung eigentlich anschließen; diese Dinge heitern auf.

Bestimmte Düfte sind ein schleichendes, aber nicht zu unterschätzendes Mittel. Vor allem Bergamotte und Lavendel empfehlen sich der geneigten Riecherin. Überhaupt alles Helle, Frische, Zitronige.

Dasselbe gilt auch für Ihre Kleidung. Wenn Sie sich immer mehr in Ihr Leid hineinsteigern wollen, tragen Sie am besten schwarz und verdunkeln das Zimmer. Manchmal mag es ganz angemessen sein, durchzutrauern und dann aufzuhören. Wenn es aber dann wieder reicht mit dem Unglück, fürs erste jedenfalls, dann ziehen Sie sich unbedingt helle Kleidung an. Wahrscheinlich werden Sie sich ein bißchen unwohl fühlen, aber nach einer Weile merken Sie, daß es Ihnen wirklich besser wird.

Wiederum dasselbe kann über Musiken gesagt werden. Wenn Sie traurige Musik hören, machen Sie alles nur noch schlimmer. Wenn Sie fröhliche Musik auflegen, werden Sie sie hassen. Das macht aber nichts. Sie soll nicht gefallen, sondern hilfreich sein.

Wenn Ihnen etwas Konkretes auf dem Herzen liegt, ist das berühmte Drüber-reden in der Tat äußerst wichtig. Ihre Freundinnen werden bereit sein, sich Ihnen dazu zur Verfügung zu stellen. Wenn nicht, dann schreiben Sie einfach Briefe; da kann sich niemand so recht wehren.

Mit dem Reden ist es allerdings so eine Sache. Vieles muß erst mal raus und abgeladen werden. Ansonsten aber erschafft man das Negative immer wieder neu und konfrontiert sich wieder und wieder damit, wenn man keine anderen Gedanken zuläßt und ohne Unterlaß darüber redet. Dann wird Ihr Leiden auch nicht aufhören. Das sollte man vorher wissen.

Nachdem wir der Rokokotreppe genügend Beachtung geschenkt haben, wollen wir uns nun, mit Ihrer Erlaubnis, der Bibliothek zuwenden.

Die Bibliothek

Die Tunte soll leben!

Sicher haben Sie sich schon gedacht, daß Sie einen deutschsprachigen Text lesen, und da liegen Sie völlig richtig! Gepflegte Tunten wie Sie haben eben den Überblick!

Ich möchte nun in guter deutscher Tradition meinem Praktischen Leitfaden ein kurzes aber solides theoretisches Fundament geben, damit alles auch recht tief ist und gründlich.

Womöglich wissen Sie gar nicht, wovon ich rede, weil ich wieder mal hinten anfange und vorne nicht aufhöre. Das Problem, mit dem ich mich im folgenden beschäftigen möchte, ist keins. Es ist aber üblich, daß es sich um ein Problem handelt, wenn man sich schriftlich und theoretisch mit etwas auseinandersetzt. Und es ist auch üblich, daß man sich erst mal ein Problem aufwirft. Die geisteswissenschaftlichen Fächer verfahren da ganz wie die Werbebranche: Bedürfnisse schaffen und befriedigen!

Das Problem also, das ich aufwerfe, ist dieses: Indem ich frage: Wie soll sie – die Tunte – leben, setze ich ganz unhinterfragt voraus, *daß sie leben soll*. Das ist eine Verfahrensweise, die nicht zulässig ist. Ich möchte das also problematisieren und erläutere im folgenden, warum sie leben soll und nicht nicht leben soll. Ich denke, das wird ganz lustig. Ich möchte mich da vor allen Dingen auf Hans Jonas, einen Philosophen und

Religionswissenschaftler, beziehen, weil er Buch-
preisträger des deutschen Friedenshandels ist und
außerdem seine Sachen bei Suhrkamp, dem renom-
mierten Verlag, veröffentlicht wurden. Wenn man so
jemanden als Autorität heranzieht, ist man selbst so
ziemlich aus dem Schneider. In ihrem Schatten bleibt
man schlecht sichtbar und kann, wenn man trotzdem
gesehen wird, sagen „ja, aber meine Autorität hat dies
und das …", und dann sind alle vorsichtig, weil sie
denken, sie hätten irgendwas nicht verstanden.

Soviel also zur Methode.

Manchmal ist es ja aber auch einfach so, daß eine der
großen Autoritäten durchaus recht hat. Das ist der
Trick. Das macht das Leben als Geisteswissenschaftler –
und -in – zu einer rechten Zwickmühle.

Kirche: Aristoteles kann nicht mit Augustinus

Augustinus ist der alte böse Feind, wenn ich mich
recht erinnere, den wir haben. Sein Konzept von
Natürlichkeit und Widernatürlichkeit, wobei die Natur
gottgewollt und das Widernatürliche folglich böse ist,
bleibt bis heute grundlegend für christliche Moralvor-
stellungen. Im Gegensatz zu Augustini Lehre möchte
ich Ihnen hier in der Bibliothek auch ein bißchen aus
dem Werk von Hans Jonas vorlesen, seine Naturkon-
zeption vorstellen und später der von Augustinus ge-
genüberstellen. Schließlich möchte ich mit dieser zwei-
ten Konzeption der Natur die Widernatürlichkeit von
Natürlichem als den Unsinn hinstellen, der sie ist. Es
ist ja nicht schlecht, wenn man jedenfalls schon mal
theoretisch sein Selbstbewußtsein aufbaut, bevor man

sich dann schön macht und ausgeht. Gepflegtes Tuntentum ist nicht nur eine Frage der Wahl des passenden Lippenstifts zum jeweilen Fußbodenbelag, sondern durchzieht zugleich auch alle Bereiche des Denkens.

Aber gut, ich glaube, es war Augustinus, das eine Sechstel der sechs großen Kirchenväter der Tradition. Er hat im dritten nachchristlichen Jahrhundert gelebt und die *Bekenntnisse* von Augustinus geschrieben. Das entscheidende Erlebnis in seinem Leben war ein Vogel. Der saß auf demselben Baum, unter dem Augustinus gerade lag. Zu dem Zeitpunkt war er natürlich noch kein Kirchenvater, sondern ein wüster Heide. Der Vogel konnte gut Latein und zwitscherte: *„Tolle! Lege!"* (sprich: legge).

Augustinus konnte auch Latein und verstand. Der Vogel hatte gesagt: „Nimm! Lies!" Der gefälligeren rhythmischen Gestalt wegen pflegt man das gemeinhin als „Nimm und lies!" zu übersetzen. Gemeint war natürlich das Neue Testament oder die Bibel überhaupt.

„Nimm und lies!" ist ja nun auch ein bißchen allgemein gesprochen. Augustinus aber war sich sicher, was er lesen sollte, und wurde also Heiliger. Das gliederte sich in einen praktischen Teil – die Arbeit als Bischof in Hippo – und einen theoretischen Teil – Augustinus wurde christlicher Philosoph, und zwar *der*.

Man ließ zwar immer wieder Augustinus gegen Aristoteles, der als der Superphilosoph angesehen wurde, antreten, aber der starke und durchaus bewaffnete Arm der Kirche war natürlich mit dem Christen und nicht mit dem Heiden. Kluge Leute haben sich da gesagt: „Na gut, wenn ein Christ im Zweifelsfalle recht hat, dann muß Aristoteles eben auch Christ werden."

Aber das, obwohl man mit Gottvertrauen viele merk-
würdige und bemerkenswerte Sachen erreichen kann,
das hat man dann doch nicht glaubhaft machen können.

Augustinus ist bis heute der Grund und Boden, auf
dem die Lehrmeinung der Kirche fußt. Aber ich wollte
ja über Jonas reden und den August in einem Satz erle-
digen. Man sieht, es ist eben nicht so einfach: Die
drängen sich auf, diese Leute. Selbst wenn man nichts
mit ihnen zu tun haben will – und ich finde Augustin,
mal von fast allem abgesehen, ja ganz prima –, dann
fängt man im Nu an, über sie zu plaudern, und sie
sind doch wieder ganz präsent.

Bevor ich Ihnen mit Jonas kommen kann, muß ich
noch ganz kurz erzählen, was ich wegwischen will,
sonst macht es ja keinen Nutzen, weil man den Fleck
nicht gesehen hat. Das wäre, wie wenn man sich über-
gibt und vorher nichts gegessen hat: sinnlos!

Augustinus also findet – und wenn ich mich recht erinnere, hat er das bei Aristoteles gelesen –, daß alles in
der Natur supergut und auf einen Zweck hin ausge-
richtet ist. Und diesen Zweck hat Gott gesetzt, und
deshalb ist es Gottes Wille, wenn alles nach seinem jeweils eigenen Zweck lebt und handelt.

Geschlechtsverkehr hat nun den Zweck, daß Kinder
gemacht werden. Und weil man eben alles nach dem
ihm innewohnenden Zweck gemäß treiben soll, soll
man auch nur so Sex machen, daß es nach Möglichkeit
Kinder gibt. Möglichst Zwillinge – das ist dann noch
zweckhafter.

Wenn nun zwei Frauen Geschlechtsverkehr pflegen
oder zwei Männer, dann wird dabei von vornherein
ausgeschlossen, daß es Kinder gibt. Kinderkriegen ist

aber natürlich der Zweck von Geschlechtsverkehr – wegen der Zweckhaftigkeit alles Natürlichen. Deshalb hat man gesagt: Das ist widernatürlich, wenn zwei oder drei Partner des gleichen Geschlechts zusammenliegen. Und widernatürlich heißt: nicht zweckhaft und deshalb böse, weil die Zweckhaftigkeit Gottes Wille ist. Also, das ist ein bißchen verkorkst, aber nicht meine Schuld, sondern die von jemand anderem. So. Jetzt kann aber zweierlei den Knoten lösen.

Die Lösung

Erstens kann man sagen: Ja, aber es gibt die Anlage zu gleichgeschlechtlichem Verkehr. Die auszuleben ist der Wille Gottes, weil, wenn die schon da ist, dann muß Gott die auch gemacht haben und ergo auch wollen, daß sie zweckhaft – nämlich nach der ihr immanenten Zweckhaftigkeit – ausgeübt wird. Zweckhaft heißt, wir erinnern uns, das in uns allen Angelegte zu verwirklichen. Die Blume soll eben blühen. Das findet Gott gut. Schwierig bleibt natürlich die Geschichte mit der Theodizee – die Frage, wie das Übel in der Welt mit der Existenz eines guten Gottes zu vereinbaren ist – aber vielleicht soll sie schwierig bleiben.

Das zweite Argument ist ein bißchen mehr in der Weise, wie Alex der Große, als er schön und jung war, den gordischen Knoten löste: Man kann schon direkt zum Beginn des Argumentationsgangs sagen: „Ja, wie kann etwas widernatürlich sein, das innerhalb der Natur, und die Natur ist die Welt, stattfindet?" Und da weiß der Beginn des Argumentationsgangs gar keine Antwort und bleibt trotzig und stumm. Höchstens, daß er brummelt: „Ja, aber ich hatte doch schon immmer recht!"

Dabei habe ich mal davon abgesehen, daß man inzwischen auch so etwas wie Partnerschaftserhalt als Zweck und Sinn kaum noch abstreiten wird. Ausgenommen natürlich vielleicht der Papst. Für ihn und seine Beziehung mit Augustinus ist ganz und völlig klar: Partnerschaftserhalt wird viel besser durch gemeinsames Schachspiel gewährleistet.

Das Sein ist sein Seinsgrund

Hans Jonas sieht, wie die Welt langsam aus den Fugen geht, und er fragt sich, was man da machen kann. Diese Frage ist eine noble Geste in noblem Geiste. Sie wirbelt ein bißchen Staub auf dem Schreibtisch auf, es sei denn, Lore Jonas, die Gattin, ist eine gute Hausfrau und hat Staub gewischt, bevor ihr Mann fragt.

In diesem Fall weiß man gar nicht, was man sich wünschen soll, und so fällt auch der letzte Wert, den wir noch hatten, der von der guten Hausfrau, der Kehrseite der Medaille zum Opfer. Denn es wäre ganz schön, wenn die Frage durch den aufgewirbelten Staub sehr sichtbar in der Luft läge.

Jonas sagt nun, das Problem ist, daß es heute niemanden mehr hinter dem Ofen hervorlockt, wenn man sagt, daß die Erde und das Leben heilig sind, weil sie von Gott geschöpft sind, und *deshalb* dürfen wir sie nicht durch die modernen ambivalenten Techniken kaputt machen. Weil es aber nach gängiger zeitgenössischer Meinung außerhalb des Lebens keinen Grund mehr gibt, das Leben zu erhalten, muß dieser Grund innerhalb, im Leben, gesucht werden.

Jonas schaut sich nun die Sache mit dem Urknall an und sagt dann: „Warum soll das Universum eine solche Anstrengung auf sich nehmen, urzuknallen und dann zu sein?" Wie gesagt, ohne Gott, der dem Universum in den Hintern treten könnte. Der einzige Grund, der Jonas einfällt, ist der, daß es dem Universum langweilig gewesen sein muß, bevor es gewesen ist, deshalb wollte es sein. Das Universum hatte Lust – Lust zu sein. Sonst wäre es nicht geworden. Was heißt das aber zu sagen, das Universum wollte?

Es muß wollen *können*. Jonas sagt also folgerichtig, es gibt keinen Geist/Materie-Dualismus. (Denn wo sollte dann irgendwann nach dem Urknall der Geist auf einmal herkommen, wiederum ohne Gott?)

Und man hört und staunt: Alle Materie ist begeistert, ist geist-begabt. Und das Hauptanliegen aller Materie ist nun, zu sein und sich zu immer größeren Strukturen zusammenzuschließen. Jonas spricht vom „Phänomen der Subjektivität in der Materie", weil es der Natur – und damit letztlich sogar der Materie – nicht egal ist, was mit ihr gemacht wird.

Der Grund, warum es gilt, die Natur und das Leben am Leben zu halten, ist das Leben selbst. Das Leben ist an sich werthaft und wertvoll, weil es leben „will". Weil das, was existiert, sein „will". Heute sieht man das jedoch meist anders.

Ja, und mit dieser aus sich heraus werthaften Natur darf man dann auch nicht machen, was man will, sondern man muß pfleglich mit ihr umgehen. Wenn man als Mensch Mensch sein will, sozusagen. Wer keinerlei sittliches Gefühl hat, dem ist allerdings auch hiermit nicht beizukommen.

Und dieses Argument vom werthaften Sein-wollen, das zugleich eine Art selbstbestimmtes Sein-sollen ist, möchte ich analogisch für das Tuntentum in Anspruch nehmen und sagen: Auch das Tuntentum ist werthaft, indem es ist, und wer das nicht sehen kann, ist ein Barbar, wer er auch sei.

Dem nächstliegenden Problem, nämlich dem, was man mit Verbrechern und Machos machen soll, will ich kurz begegnen: Machos ist eben nicht zu helfen, und niemand will ein Verbrecher sein – außer vielleicht Jean Genet. Das ist eine andere Sache und bewegt sich im praktisch-ethischen und nicht im ontologischen Bereich.

Meine Lieben! Ich wollte den Bogen eigentlich anders spannen, aber so sparen wir uns den langen Mittelteil von Begründung, philosophiegeschichtlicher Abgrenzung und Herleitung und sind um so rascher am Ende.

Mit der neu gewonnen Gewißheit, daß alles, was ist, sein will, und deshalb sein soll – auch wenn andere behaupten, es gebe keinen Weg vom Sein zum Sollen, lassen wir jetzt das Wollen als Weg gelten und begeben uns geradewegs in die Küche. Das haben wir uns wirklich verdient, und dort können wir verdauen und uns überlegen, ob wir nicht mal eine Kaffeetasse fragen, ob sie sein will oder ob sie sich eher als leblose Materie sieht.

Die Schloßküche

Was soll sie essen?

Kochbücher gibt es wie Steine am Meer, und Sie werden sich fragen, warum auch ich Ihnen in diesem Buch Rezepte servieren möchte. Es ist mir natürlich eine Herzensangelegenheit, daß Sie gut und gesund, nicht zuletzt aber lecker und einfach essen. Das ist sehr wichtig, denn ein voller Magen nach einem guten Frühstück gibt Ihnen Kraft bis zum Mittagessen.

Wie und was Sie gerne essen und was Sie anbieten, wenn Besuch da ist, sagt natürlich viel über Sie aus. Es ist auch nicht falsch, sich vorher einige Gedanken zu machen, was man auftischen möchte, wenn dieser, und was, wenn jener kommt. Am besten treffen Sie da immer die richtige Wahl. Ihre Intuition wird Sie leiten!

Auf jeden Fall sollten Sie vor jedem Essen ein paar Aperitifs reichen und verlangen, daß Ihre Gästin oder Ihr Gast ordentlich zuspricht. Alkohol betäubt die Geschmacksnerven, und so können Sie viel sorgloser kochen. Wenn Sie sich nicht sicher fühlen, geben Sie Ihren Gerichten ungewöhnliche, aber nicht auffällige fremdländische Namen. So können Sie etwaige geschmackliche Besonderheiten mit der jeweiligen Volksmentalität erklären. Etwa: „In der Bretagne ißt man ja gern ein bißchen salziger als bei uns." Dann haben Sie auch gleich einen unauffälligen Übergang, das, was Sie gerade erzählen wollen, in der Bretagne anzusiedeln. Das erleichtert den Einstieg und macht eigentlich alles erzählenswert. Ihre Gäste werden ganz bezaubert sein und auch nicht so schnell wiederkommen. So lernt man zu unterscheiden, wer Sie Ihretwegen besucht und wer wegen des Essens kommt. Und das ist, vor allem wenn Sie gerade in eine neue Stadt gezogen sind, besonders wichtig. Oder wenn Sie Ihren Freundeskreis erweitern wollen. Manch eine Tunte wird von Ihnen die Konsequenz fordern: Wem es nicht geschmeckt hat, den laden Sie auch nie wieder ein. Das ist aber doch recht radikal. Ich würde sagen, man kann da ruhigen Gewissens etwas milder sein.

Zusammen zu essen ist etwas völlig anderes als eine schlichte Nahrungsaufnahme. Es ist ein gemeinsames Mahl. Gerade hier bei uns im christlichen Abendland gibt es darin eine große Tradition. Die schlägt sich natürlich auch literarisch nieder, und ich möchte Ihnen sozusagen als anregenden Aperitiv das Gedicht „Fragen einer lesenden Köchin" zu Gehör bringen. Es stammt von einem großen Lyriker unseres Jahrhunderts – aber nicht von Herrn Brecht –, dem ich jetzt das Wort übergeben möchte, um Ihnen dann ein paar Rezepte mitzuteilen, die allesamt den Vorteil haben, einerseits sehr schmack- und nahrhaft, andererseits sehr rasch gemacht zu sein. Hiert also der Aperitiv.

Sie können das Gedicht auch auswendig lernen. Wenn Sie Eier weichkochen wollen, geben Sie sie in kochendes Wasser und sagen das Gedicht dreimal auf, dann sind Ihre Eier genau richtig. Wenn Sie einen Braten machen, sagen Sie das Gedicht solange auf, bis der Braten fertig ist.

Nun aber zum Text:

Fragen einer lesenden Köchin

Verdaute das siebengängige Kleben
Er allein?
Hatte er nicht wenigstens einen
Schnaps bei sich?
Hatte das vielbesungene Byzanz
Nur Paläste für seine Bewohner?
Wer hört denn so schlechte Musik?
Phillipp in Spanien weinte, als seine Flotte
Unter einem andern zu liegen kam. – Gab es keine
Anderen? Hätt er mal angerufen!
Wohin gingen denn die Maurer der
Chinesischen Mauer? Die hätten doch
Zeit gehabt.
Phillipp der Zweite weinte, als er eine Zwiebel
Schälte. – Schälte sonst niemand?
Nichtmal Bertholt? Wer kochte
Den Siegesschmaus? So viele Phrasen.

Spiegelei

Nehmen Sie ein Ei, und braten Sie es in Fett. So einfach ist ein leckeres Ei zubereitet.

Achten Sie unbedingt darauf, Spiegelei niemals bei Sonnenuntergang und Schäfchenwolken zu bereiten, sonst prägt sich die Ähnlichkeit der Bilder ein. Wenn Sie dann mit einem Geliebten in einer wunderschönen Landschaft sitzen, während die Sonne bei Schäfchenwolken untergeht, denken Sie immer an Spiegelei, während Ihr Partner eine romantische Erfahrung bei Sonnenuntergang macht. Und das wäre doch schade!

Mit etwas Übung können Sie auch schwierigere Rezepte problemlos in die Tat umsetzen:

Rührei

Nur keine Sorge! Sollte es beim ersten Mal nicht ganz klappen, können Sie immer noch ein Spiegelei bereiten, und es anschließend zerschneiden. Das ist natürlich nicht dasselbe, aber es geht auch. Sie brauchen: 1 Schürze, Salz, Haarfestiger, um der Schürze einen frischen und haltbaren Faltenwurf zu geben (das Auge ißt mit!), 1 Herd, Eier nach Geschmack.

Lassen Sie die Eier von circa 30 Zentimeter Höhe in die Pfanne fallen. Gießen Sie alles durch ein Nudelsieb in eine Schüssel. Die Eierschalen bleiben im Sieb. Eierschalen gehören in den Kompost. Wenn Sie selbst keinen Kompost haben, schicken Sie die Schalen einfach mit der Post einer guten Freundin, die einen hat. Das wird sie sicher freuen. Die Eier geben Sie in die gefettete Pfanne. Obwohl Eigelb und Eiweiß ja schon durch die Wucht des Aufpralls auf die Pfanne durchmischt sind, müssen Sie beim Braten noch weiterrühren, bis die Eier eine fast feste Konsistenz bekommen haben.

Wenn Sie Perückenträgerin sind, binden Sie sich ein Kopftuch um, damit kein Unglück geschieht. Man sieht Ihre Haarpracht dann zwar nicht, aber die Zubereitung dauert ja nicht so lange, und vor allem können

Sie auf diese Weise mehrere Male Rührei mit derselben Perücke zubereiten.

Das Zwiebelschälen

Ich stehe am Küchenherd.
Ich schäle Zwiebeln fürs Abendbrot.
Ich hab gar keinen Hunger.
Ich mag auch keine Zwiebeln.
Warum schäle ich Zwiebeln
Mit Ungeduld.

Chinesische Nudeln
„Drei Köstlichkeiten"

Kochen Sie Spaghetti wie gewohnt in Salz- und Öl-Wasser. Geben Sie sie auf ein bis vier Teller, ganz nach Geschmack. Dekorieren Sie je einen Klacks Butter und Ketchup und einen Teelöffel Kräuter der Provence darauf. Rühren Sie nicht um! Fertig. Die Chinesen essen etwas spartanisch; das wird Ihren Gästen einleuchten.

Italienische Nudeln
„Drei Jahreszeiten"

Dasselbe. Als vierte Jahreszeit können Sie ein Glas Rotwein servieren.

Insalata Gisela

Für diesen leckeren Salat brauchen Sie:

Für das Dressing: Öl, Essig, eine Zwiebel, Salz, Pfeffer und Basilikum. Schneiden Sie – geduldig oder nicht – die Zwiebeln in Ringe, und vereinigen Sie sie mit dem Rest zum Dressing. Während Sie die Zutaten für den Salat kleinschneiden, kann das Dressing ziehen.

Für den Salat brauchen Sie: einen Paprika, je eine Dose Kidney-Bohnen und Mais, 200 g Schafskäse.

Schneiden Sie den Paprika in kleine Stifte, und spülen Sie den Schafskäse ab, bevor Sie ihn in kleine Würfel schneiden. Durch das Abspülen bekommt er ein milderes und runderes Aroma. Jetzt werfen Sie alles zusammen in eine Schüssel und schütten das Dressing darüber. Rühren Sie durch. Fertig!

Dazu empfiehlt sich trockener Weißwein und frisches französisches Weißbrot.

Tortellini-Salat alla Marita

Die italienische Küche hält viele Freuden für die Genießerin bereit. Dieses Gericht ist zwar nicht italienisch, hält aber, was die italienische Küche verspricht. Die Zubereitung ist so einfach wie bei allen Gerichten, die ich für Sie zu dieser kleinen Sammlung zusammengestellt habe.

Sie kochen 500 g Tortellini wie auf der Packung angegeben. Je eine rote, gelbe und grüne Paprika schneiden Sie in Streifen und halbieren sie quer. Eine Stange Lauch wird geputzt und in möglichst schmale Ringe geschnitten. 150 g gekochten Schinken ebenfalls klein-schneiden. Dann nehmen Sie ein großes Glas Mirakel Whip und gießen den Inhalt darüber. Die Schinken-Mirakel-Whip-Mischung rühren Sie unter die anderen Zutaten.

Das Glas spülen Sie am besten aus und bringen es zum Altglascontainer. Wenn Sie wiederkommen, ist der Salat gut durchgezogen und verzehrfertig.

Dieser Salat wird Sie selbst bei Ihren Freundinnen beliebt machen.

Walnuß-Salat Christian

Dieser Salat ist sehr lecker. Ich habe aber leider das Verhältnis zu Christian abgebrochen, ohne mir dieses Rezept geben zu lassen. Das war nicht klug, aber wir haben alle darunter zu leiden.

Spinatpfanne vegetarisch

Nehmen Sie eine Pfanne mit hohem Rand. Dünsten Sie zwei Zwiebeln in Butter darin. Geben Sie zwei Packungen tiefgefrorenen Spinat und vier geachtelte Tomaten dazu. Drehen Sie auf kleine Flamme und le-gen Sie einen Deckel auf die Pfanne. Der Spinat taut auf, während die Tomaten dünsten. Nach etwa zehn Minuten streuen Sie einige Eßlöffel frisches Basilikum darüber und schmecken mit Pfeffer und Salz ab.

Dieses Gericht macht einen sehr gesunden Eindruck, und dieser Eindruck wird sich auf Sie übertragen.

Pilzomelett Sorgentod

Dieses Gericht besteht aus zwei Teilen: dem Omelett-Teil und dem Pilz-Teil.

Für den Omelett-Teil nehmen Sie je eine Tasse Mehl und Milch und rühren sie mit drei Eiern zu einem Teig zusammen. Eine Prise Salz kommt noch hinzu. Den Teig gießen Sie dünn in eine Pfanne, in der schon geschmolzene Butter schwimmt. Je nach Herd lassen Sie das Omelett erst bei mittlerer Hitze, dann bei kleiner Hitze braten. Für jedes neue Omelett nehmen Sie frische Butter und entfernen eventuell klebengebliebene Reste des vorangegangenen Omeletts, damit die beim folgenden Durchgang nicht schwarz werden.

Für die Pilzpfanne dünsten Sie Zwiebeln und geben zwei Dosen Champignons dazu. Sie können auch noch einen Fliegenpilz dazuschneiden, sollten aber den nächsten Tag frei haben und sich mit der Vorstellung vertraut machen, daß Sie sich übergeben werden müssen, wenn Sie zum erstenmal etwas mit diesem Pilz essen. Außerdem sollten Sie Ihre Gäste aus Gründen der Billigkeit informieren.

Salz und viel Pfeffer. Wenn die Pilze durch sind, geben Sie einen Schuß Whiskey dazu und rühren Sie um. Drehen Sie den Herd aus, und krönen Sie alles mit zwei Eßlöffeln Kräuter-Frischkäse. Nicht rühren, sondern verlaufen lassen und den Anblick genießen.

Tragen Sie Pilze und Omeletts getrennt zum Tisch, und stellen Sie beides darauf. So bleiben Ihre Gäste selbstbestimmt und können wählen, in welchem Mischungsverhältnis sie von beidem essen wollen. Diese

Art, ein Gericht zu servieren, ist eine Hommage an den Humanismus.

Nußkuchen

〜

Kaufen Sie eine Fertigpackung Nußkuchen und verfahren Sie, wie auf der Rückseite angegeben. Dasselbe gilt für Schokoladenkuchen, aber Nußkuchen schmeckt in aller Regel besser.

Banane Daniel

〜

Bei dieser leckeren Nachspeise können Sie schon deshalb nichts falsch machen, weil Ihre Freundinnen vor lauter Gekicher über die phallische Speise kaum schmecken können. Ihnen selbst bietet dieses Gericht die Gelegenheit, sich erwachsen und souverän zu fühlen.

Schälen Sie zwei Bananen. Braten Sie sie bei mittlerer Hitze in viel Butter. Jede Seite etwa zwei Minuten. Mehr als zwei Bananen sollten Sie nicht auf einmal braten, sonst wird das Wenden so schrecklich kompliziert. Wenn die Bananen goldbraun sind, stellen Sie den Herd aus, und geben Sie ein bis zwei Teelöffel Honig auf jede Banane. Lassen Sie den Honig in der Resthitze fest werden. Geben Sie die Bananen auf Teller und gießen die Buttersoße darüber. Großzügig streuen Sie Zimt über den ganzen Teller. Nußnougatcreme macht sich sehr gut dazu. Am einfachsten ißt man dieses Dessert mit Messer und Gabel.

Diese leckeren Sachen möchten Sie natürlich auch in einem angemessenem Rahmen servieren, deshalb möchte ich kurz einiges zur festlichen Tafel – dem Ambiente eines Gerichts – sagen.

Die festliche Tafel

Die festliche Tafel gehört natürlich zu einem Essen wie ein Gott zum Gottesdienst oder ein Lippenstift in die Handtasche. Man soll ihr einige Aufmerksamkeit widmen. Vor allem von einer Tunte wird man eher eine perfekt gestaltete Tafel als ein genießbar gekochtes Essen erwarten dürfen. Und warum soll man nicht auch mal ein Klischee bedienen? Vor allem, wenn alles andere mit soviel Aufwand verbunden ist und die Leute glücklich sind, wenn sie sich bestätigt finden.

Ein kleiner Blumenstrauß sollte vorhanden sein und auch ansonsten etwas Blumenschmuck auf der Tafel. Das reißt alles mögliche wieder raus. Blumenschmuck und überhaupt Tafelschmuck sollten niemals die Höhe von 20 bis 30 Zentimeter überschreiten, weil dann die Sicht auf die Dame oder den Herrn gegenüber verdeckt ist. In den meisten Fällen ist das zwar nicht schade, aber wer kennt des Menschen Herz?

Falls Sie Leute aus verschiedenen Bekanntenkreisen einladen und in etwa wissen, wer wen nicht leiden kann, können Sie dieses Wissen zum Wohle aller Beteiligten einsetzen, indem Sie hohen Blumenschmuck aufstellen – vielleicht einen Rhododendron oder Jasminstrauch, auch Fichten machen sich wegen ihres frischen Grüns immer sehr gut – und Platzkarten verteilen. Zumeist entsteht allerdings eine gewisse Steifheit, sobald es Platzkarten gibt.

Wenn Sie ihrem Besuch gerne billigen Wein anbieten, schütten Sie ihn vorher in einen Dekantierkrug. Das ist vornehm und verhindert, daß das Etikett gelesen werden kann.

Beim Essen pflegt man sich ja auch zu unterhalten. Daß das nicht ganz einfach ist, wissen Sie vermutlich aus eigener, schmerzlicher Erfahrung, und ich werde deshalb im Ballsaal ein paar Kleinigkeiten zum Thema Plaudern und Kommunikationsstrategien sagen.

Doch lassen Sie uns zunächst in den Spiegelsaal gehen, um uns, die Welt und Gott darin zu betrachten. Selbstbespiegelung und Weltschau sind ja für das gepflegte Tuntentum unumgängliche Voraussetzungen.

Der Spiegelsaal

Was ist gepflegtes Tuntentum?
~

Gott als Beispiel
~

Die Frage, wer eine gepflegte Tunte ist, kann nicht ganz einfach erörtert und im Grunde nur recht schwierig beantwortet werden. Nehmen Sie zum Beispiel einen Dachdecker. Dieser junge muskulöse und womöglich braungebrannte Mann steht auf der Wiese – also auf festem Grund und Boden, auf keinem Dach; darauf will ich hinaus – und spielt Ball.

Er spielt Ball und deckt kein Dach und auch sonst niemanden. Sie, geneigter Leser, verehrte Leserin, stehen in einiger Entfernung und wissen nun nicht – können Sie auch nicht –, was das für einer ist. Vielleicht ein Bankangestellter oder ein Ingenieur, der seine ballistischen Kenntnisse mal in die Praxis umsetzen möchte.

Vielleicht denken Sie auch, das sieht ja so gekonnt aus, was der junge Mann da macht, das muß ein professioneller und berufsmäßiger Ballspieler sein. Das stimmt aber nun gar nicht; der Mann deckt seine Dächer nicht aus purer Lust, sondern weil er dafür bezahlt wird. Weil er ein Dachdecker ist.

Er ist ein Dachdecker. Er ist aber zugleich auch ein Ballspieler, das läßt sich nicht leugnen. Und wie, um im Bilde zu bleiben, soll man einen Dachdecker erklären? Womöglich noch einen gepflegten? Trotzdem gibt es sie, die gepflegten Dachdecker. Das wenigstens können wir feststellen. Es ist halt ein bißchen schwierig mit diesen Leuten, ebenso aber auch mit den gepflegten Tunten.

Oder denken Sie sich einen Obst-und-Gemüse-Händler, der auch Ball spielt auf dieser Wiese, vielleicht nicht so kraftvoll wie der Dachdecker, der aber zusätzlich noch Rentner ist. Kann man da überhaupt noch von ihm als einem Obst-und-Gemüse-Händler sprechen?

Oder nehmen Sie anstelle der beiden Männer zum Beispiel einfach Gott. Was soll man da sagen! Wer ist Gott?

Aristoteles sagt, Gott ist der unbewegte Beweger, der die Welt sozusagen angeschubst hat. Angeschubst meint Aristoteles im Sinne von „geschöpft". Und es hat sich ja inzwischen bestätigt, daß alles aus Wasser entstanden ist: Wringen Sie nur mal einen Hamburger aus!

Nachdem das erledigt war, macht dieser Gott jetzt immer einen auf siebten Tag und bleibt wild entschlossen unbewegt.

Deshalb ist man überhaupt auf die Idee mit der Ewigkeit gekommen: Wenn der Tag nach dem siebten Tag auch noch, also immer noch der siebte Tag ist, denn Gott ruht erstens immer und zweitens nur am siebten Tag, muß man entweder sagen, Gott kann nicht zählen, oder man muß sagen, daß dieses Verhalten nicht mit rechter Logik zugeht.

Aristoteles hatte ja extra die Logik erfunden, da ist ihm natürlich sofort aufgefallen, daß da was nicht stimmen kann. Daraufhin mußte Aristoteles eben schnell die Ewigkeit erfinden.

Das mit der Ewigkeit können Sie wieder vergessen, denn die Ewigkeit kann sowieso kein Mensch verstehen. Falls Sie doch die Frau sind, die die Ewigkeit versteht, rufen Sie mich doch bitte an, das interessiert mich!

Nachdem Gott also alles angefangen hat, zieht er sich zurück, heißt Demiurg und läßt den Laden laufen, wie's eben gehn und stehn mag. „Demiurg" heißt Gott, wenn Gott als weltschöpfendes Urprinzip, als unbewegter Beweger gedacht wird, der sich dann um nichts mehr kümmert.

Da gibt es plötzlich gewisse Ähnlichkeiten zur Tunte, aber die sind mehr inhaltlicher, nicht so sehr begrifflicher Natur, und über die wollen wir ja reden. Also die begrifflichen, nicht die inhaltlichen.

Außerdem kann das auch gar nicht wahr sein mit dem Zurückziehen, denn man bekommt ziemliche Probleme, sobald ein Wunder geschieht: Wunder kann Gott in der Tat gar nicht mehr wirken, wenn man ihn so denkt, wie wir das gerade gemacht haben, weil der Demiurg mehr so eine Art Prinzip ist, das seinen eigenen Gesetzen folgt und folgen muß – also den Naturgesetzen. Dieser Gott hat sich selbst reingeritten, kann keine Wunder machen – und das ist ja doof! –, sitzt die ganze Zeit nur rum, und wir wissen immer noch nicht, wer eine gepflegte Tunte ist. Deshalb lassen wir diesen Gott fallen. Er kann uns nicht helfen.

Dem unbekannten Tode knapp entronnen
〜

Wir versuchen immer noch herauszufinden, wie man etwas über die gepflegte Tunte sagen kann. Bei Gott sind wir angekommen, weil er ein so schönes Beispiel ist und sich so viele kluge Leute Gedanken darüber gemacht haben, wie sie etwas über Gott sagen können. Indem wir also an den Regalen mit den Büchern der Philosophen entlangstreifen, kommen wir der gepflegten Tunte immer näher.

Eine andere Möglichkeit, sich Gott zu denken, ist die folgende: Man sagt: Ja! Wir sind klein und dumm und können mit unserer beschränkten Verstandeskraft überhaupt nicht dahinterkommen, was Gott ist. Das Göttliche können wir nicht fassen und nicht begreifen.

Wir also armen Menschenkinder können das Göttliche nicht begreifen, weil wir eben menschlich denken und göttlich ganz anders ist als menschlich.

Das ist ja schon mal ein ganz nettes Ergebnis, und es hat seine Gültigkeit nicht verloren. Aus einer anderen Ecke ist Immanuel Kant bei einem seiner 5-Uhr-Spaziergänge auch da angekommen und hat sich die Kritik der reinen Vernunft ausgedacht und aufgeschrieben. Kant war ein großer Freund von Sonnenbrillen mit farbigen Gläsern. Diese bunte Brille, die wir alle tragen – jeder seine eigene, aber alle die gleiche –, ist die Kategorie Raum und Zeit, und nur durch sie können wir die Welt wahrnehmen: So können wir von Gott nur das Bunte in Raum und Zeit sehen. Aber Gott ist vielleicht auch schwarz/weiß. Wenn das der Fall ist, dann haben wir, solange wir leben, keinerlei Möglichkeit, davon Kenntnis zu erlangen, weil wir die Brille nicht absetzen können. (Das Licht der Wahrheit ist eben schrecklich hell.)

Diese These von der Unmöglichkeit unserer Erkenntnis des eigentlich und wesenhaft Göttlichen hätte die Philosophen nun aber nicht nur arbeitslos, sondern auch gedankenlos gemacht, denn die Scholastiker, die zuerst auf das Problem gestoßen waren, durften oder wollten sich nur über Gott Gedanken machen – es waren recht andere und seltsame Zeiten damals im Mittelalter –, deshalb haben sich die Scholastiker gedacht: „Ja gut, dann denken wir eben darüber nach, was Gott *nicht* ist, anstatt was er ist."

Vielleicht ist das ein bißchen trotzig, aber jedenfalls hatten sie so wieder was, über das sie nachdenken und Abhandlungen schreiben konnten.

Also Gott ist erstens sowieso undenkbar – das hatten wir ja schon –, und zweitens undenkbar ohne bestimmte Attribute. Wie die Tunte auch. Gott ist zum Beispiel nicht denkbar mit dem Attribut der zeitlichen Begrenzung, sonst ist es nicht Gott, sondern sonst was. Auch da finden wir gewisse Ähnlichkeiten zur Tunte.

Ansonsten aber ist, außer vielleicht einer gewissen Neigung zu wunderlichen Taten und kitschigen Kirchen, keine weitere Ähnlichkeit festzustellen. Gott ist aber nämlich auch alles, und deshalb auch allem ähnlich, aber das denken dann wieder andere, teils früher, teils später.

Jetzt habe ich verschiedenes ein bißchen verquickt und verwirrt und wollte doch nur schnell sagen, wie man also die Tunte beschreiben kann, damit es hinterher einfacher wird und nicht so ein Durcheinander gibt. Aber dafür konnte ich mir das alles auch einmal von der Seele schreiben und in Zukunft wieder ruhig schlafen.

Wenn man, wie wir gesehen haben, das eigentliche Wesen nicht ergründen kann, dann kann man immerhin versuchen, einiges zu finden, was eine Tunte nicht ist. Meist kann man es dann positiv formulieren, wie man statt „nicht zeitlich begrenzt" auch „ewig" sagt. Das soll heißen, die Tunte von anderem, was sie eben nicht ist, abzugrenzen und zu isolieren. Wenn man nun mal kurz rechts aus dem Fenster direkt in die Welt blickt und die Tunte sieht, wie sie da so alleine steht, dann scheint dies die passende Methode zu sein, sich ihr zu nähern. Man muß sich aber deswegen keine Sorgen um sie machen, schließlich geht es Gott genauso, und da ist sie ja doch in guter Gesellschaft.

Die Kernpunkte

Wenn wir uns nun in Beantwortung der Frage „Wer ist eine gepflegte Tunte?" den Kernpunkten zuwenden, dürfen wir nicht vergessen, daß Faustens Pudel fast rausgeflogen wäre, als er gebellt hat.

↝ Das Tuntentum zielt nicht auf die Frau und ist keine wie immer gemeinte Verspottung derselben. Es sei denn, ganz ausnahmsweise als Spott über eine bestimmte Person in einer bestimmten Situation. Das ist aber nicht gepflegt tuntig, sondern karikativ. Diese Art von Karikatur kennen auch die Frauen selbst und sogar manche Hetenmänner. Sie ist daher nicht tuntig im eigentlichen Sinne.

↝ Die Tucke ist affektiert und übertrieben, aber sie weiß es nicht und findet sich toll. Tunten finden das doof, weil sie sich selber toller finden und weil sie denken, sie durchschauen sowohl sich selbst

70

als die Spielregeln des sozialen Verhaltens, die sie karikieren. Die Tucke spielt nicht mit dem konventionellen Rollenverhalten, die Tunte schon. Tuntiges Verhalten ist immer bewußt. Die gepflegte Tunte ist sich stets im klaren darüber, wann sie tuntig ist und wann nicht. Wobei die gepflegte Tunte natürlich nahezu beständig tuntig ist. So unterscheidet sich die Tunte von der Tucke, die gepflegte Tunte von der gemeinen Tunte.

∿Tuntentum ist nicht zwanghaft. Man macht Gesten und interessiert sich für Menschen. Indem man merkt, eine Geste, eine Betonung oder ein Gesprächsthema wird einem Mann nicht zugebilligt in Anwendung dieser Spielregeln, verstärkt man sie noch und ist mit einem erst recht effeminiert. Das ist eine Vorwegnahme des Vorwurfs der Weiblichkeit einerseits – und damit die Aussage, daß Weiblichkeit ja wohl kein Vorwurf sein kann – und andererseits das verstärkte Ausagieren der weiblichen Rolle und der eigenen weiblichen Anteile, die man hat und die im Leben manifest und die geliebt werden wollen. Schließlich weiß man, was man von Männern zu halten hat, die an ihre Rolle als Mann glauben: nämlich nichts. Wohlgemerkt geht es nicht gegen den Mann an sich, sondern gegen ein bestimmtes Rollenverhalten, das den Menschen mit Schwanz zur Pflicht gemacht wird. Obwohl man sich auch oft fragt, ob dieser oder jener Mann zusätzlich zum Spielen seiner Rolle noch etwas ist. Ein Mann zum Beispiel, wobei ich den Mann als Menschen begriffen meine. Diese aus dem

Feminismus bekannte Polemik gegen die Männer ist etwas aus der Mode gekommen – ich
weiß. Man sollte aber bedenken, daß die Seven-
ties auch ansonsten ein Revival erleben.

❧ Tuntentum ist keine Privatangelegenheit. Tuntentum ist eine politische, gesellschaftskritische
und phantastische Angelegenheit – eben durch
die Auflösung der Geschlechterrollen, denen
wir alle viel Leid verdanken, und die Aneignung
der Rolle des anderen Geschlechts. Auch wenn
seine Gegner das meist nicht sehen und nicht
wahrhaben wollen, weil ihnen das natürlich
nicht paßt. Die sind dann der böse Feind, über
den es zu lästern und den es zu vernichten gilt.

❧ Trotzdem ist Tuntentum weder primär nach
außen gerichtet noch ist es primär provokativ
gemeint. Letzteres gilt aber nur für gepflegtes
Tuntentum.

❧ Tuntentum ist ein Herzensbedürfnis und findet
in der Privatheit in größerem Maße statt als in
der Öffentlichkeit. Tuntentum ist die natürliche
Lebensform der Tunte, kein für eine bestimmte
Zeit angenommenes Verhalten.

❧ Viele Sorten von Leuten tragen Frauenkleidung,
aber nur wenige von ihnen sind wirkliche Tunten. Vor allem sind Tunten etwas völlig anderes
als Frauen, die in einem Männerkörper leben
oder doch zu leben begonnen haben. Da versteht
man sich zwar ganz gut und respektiert sich ge-

genseitig, aber es geht doch letzten Endes um unterschiedliche Dinge.

➦ Die Tunte ist keine Kopie, sondern sie ist sie selber. Entgegen einer landläufigen Meinung macht die Tunte keine Frau nach, die Tunte ist eine Tunte.

➦ Man hat sich daran gewöhnt, unter einer Tunte grundsätzlich einen Menschen mit männlichem Genital zu verstehen. Das ist aber nichts weiter als Gewohnheit und Gewöhnung. Es gibt auch Frauen, die man getrost als Tunten bezeichnen dürfte, die sich selbst so bezeichnen würden, wenn sie um das Tuntentum wüßten. Diese Frauen benutzen ihre weibliche Rolle bewußt und amüsieren sich zugleich darüber und über sich selbst. Mit Übertreibung setzen sie sie zu ihrem Vorteil ein, wobei sie sich im klaren darüber sind, daß sie eine Rolle spielen und das mit Lust tun. Das ist aber selten der Fall. Hier greift besonders stark die Unterscheidung von Tunte und Tucke.

Ob es auch Machos gibt, die bewußt so sind und sich dabei über sich selbst amüsieren, daß sie diese Rolle spielen, weiß ich nicht, aber ich will es nicht hoffen. Das wäre besonders böse! Ein solches Verhalten bei Machos, und auch bei Frauen, ist allerdings etwas schwierig zu bemerken, weil sie gegebenenfalls das erwartete Verhalten benutzen, anstatt wie die Tunte das gegengeschlechtliche. Da kann man dann nicht recht unterscheiden, ob das jetzt bewußt und absichtlich geschieht und mit dem Wissen eingesetzt wird: Ja, ich verhalte mich jetzt, wie ich soll! oder aber ob das Lernen des Rollenverhaltens nur besonders gut geklappt hat, und der oder dem Handelnden die Lächerlichkeit und Absehbarkeit ihrer oder seiner Taktik nicht klar ist.

Ich möchte mich noch kurz dagegen verwahren, ich sei nur neidisch, daß mir eine gewollte Rolle nicht oder nur selten zugestanden wird, deshalb spräche ich so viel von der Lächerlichkeit des Rollenspiels. Das ist allerdings nicht von der Hand zu weisen, und ich habe ja auch gar nichts gegen Rollenverhalten. Schließlich hatten auch die Fische im Biologieunterricht ganz genaue, ebensolche Übereinkünfte, wer was wann wie macht, und die Kaninchen auch, und bei beiden klappt es ja ganz gut mit der Vermehrung.

Glückwünsche an die Leserin

Wenn Sie meine Ausführungen nun bis zu diesem Punkt gelesen, alles wohl erwogen haben und zu dem Schluß gekommen sind: „Ja, ich bin eine solche, eine echte gepflegte Tunte", möchte ich Sie beglückwünschen! Wenn nicht, seien Sie nicht traurig, es gibt Schlimmeres! Aber wenig!

Sie haben den ersten Schritt zu einem politisch befriedigenden und mit großer Schönheit erfülltem Leben gewagt.

Warum politisch befriedigend? Die Wissenden unter meinen Leserinnen mußten die leidvolle Erfahrung machen, gelegentlich einen kleinen oder mittelgroßen depressiven Anfall zu erleiden. In allen Situationen, in denen Sie früher Langeweile hatten und nicht wußten, was Sie tun sollten – zum Beispiel im Büro, beim Schlangestehen oder in der Uni – können Sie jetzt unglücklich sein, weil eine gepflegte Tunte an der Gesellschaft zu leiden hat. Dieses Unglücklichsein ist aber nicht mehr sinnlos wie zuvor, es ist nun politisch, denn Sie als Tunte sind für diese Gesellschaft von unschätzbarer Wichtigkeit. Ihr Leiden an der Gesellschaft ist zugleich das Bewußtsein, aus dem Veränderung erst geboren werden kann.

Fürs erste können Sie Ihr Leiden jetzt auch für eine Weile hintanstellen, denn wenn der Feind erst einmal erkannt ist, dann ist er schon halb besiegt.

Jedenfalls sollten Sie sich im Laufe der Zeit die Fähigkeit aneignen, auch im Unglück der politischen und gesellschaftlichen Situation glücklich zu sein, denn politisches Engagement macht nur dann Sinn, wenn man auch mal privat ist. Deshalb muß sich auch Ihr Unglück nach dem Maß der Zeit richten, das Sie dafür erübrigen können. Sonst kommen Sie in Streß, und das ist nicht gut, weil es die Gesichtszüge so leicht entstellen kann.

Das Boudoir

Wie soll sie sich schminken?

Falls Sie gerade im Buchladen stehen und dieses Kapitel gierig aufgeschlagen haben, um sich Tips zu holen, ohne dafür zu bezahlen, seien Sie gewarnt: Das Beste habe ich natürlich verstreut im restlichen Text versteckt!

Es ist im Grunde nahezu unmöglich, exakte und allgemeingültige Angaben über die Kunst der Körperbemalung zu machen. Vieles, ja alles hängt von Ihrem persönlichen Typ, der jeweiligen Garderobe und dem Anlaß ab. Daher möchte ich eher einige allgemeine Reflexionen niederschreiben, die Sie dann für den Einzelfall nutzbar machen können.

Zunächst bedenken Sie die alte Krankenschwesterregel: „Viel hilft viel!"

Das soll heißen, je mehr Schminke Sie auftragen, desto größer ist der Verfremdungseffekt. Ob Sie das wollen, müssen Sie selbst entscheiden.

Ein nicht unwesentlicher Faktor ist dieser: Je mehr Sie auftragen, desto mehr kann verschmieren und verrutschen. Wenn Sie sich für einen Anlaß schön machen, bei dem Sie aller Wahrscheinlichkeit nach stark transpirieren werden, benutzen Sie auf jeden Fall nur wasserfestes Augen-Make-up. Das verläuft nicht nur bei Regen weniger – weniger, nicht nicht –, sondern hält auch unter Schweiß ganz gut. Dafür können Sie es aber auch am folgenden Tag nicht entfernen, und ein sanfter Schatten Schwarz bleibt über Ihren Augenringen. Ich glaube, es war die gute Liselotte von der Pfalz, die sagte: „Madame seyn ist ein ellendes Handwerk."

Vielleicht erzähle ich doch einfach mal der Reihe nach einen exemplarischen Schminkvorgang, indem ich vor allem auf die jeweiligen Tücken hinweise.

Als erstes rasieren Sie sich so gründlich es geht oder gründlicher. Der Rasur ist im folgenden auch noch ein eigener Abschnitt gewidmet. Wenn Sie sich geschnitten haben, geben Sie kaltes Wasser auf den Schnitt, um den Blutfluß zu stillen, und tragen Sie eine dünne Schicht Heilsalbe auf, damit Sie später nicht so viel Make-up ins Blut kriegen – das ist sicher nicht gesund. Wenn es weiterblutet, fönen Sie die Wunde kurz heiß, dann schließt sich in jedem Fall sofort eine Blutkruste darüber. Verschmiertes Blut nehmen Sie gezielt mit einem in lauwarmem Wasser getränkten Wattebausch ab, wobei Sie vermeiden, über den Schnitt zu wischen, sonst platzt er natürlich wieder auf.

Grundieren Sie Ihr Gesicht jetzt mit einem flüssigen Make-up. Tragen Sie einen Klecks auf beide Wangen, Kinn und Nasenwurzel auf, und verschmieren Sie es von da aus bis zum Haaransatz und bis zum Hals. Augenlider nicht vergessen! Zum Hals hin streichen Sie es aus, so daß sich ein natürlicher Übergang bildet. Weder soll ein scharfer Rand entstehen, der sogenannte Bis-hierher-und-nicht-weiter-Effekt, noch soll sich die Grundierung an das Oberteil schmieren.

Es gibt auch Cream-Make-ups, die fester in der Konsistenz sind und besser decken. Davon ist aber nichts zu halten. Damit sehen Sie wirklich mindestens zehn Jahre älter aus. Das Zeug legt sich in Ihre Fältchen und macht sie noch sichtbarer. Außerdem sieht Ihre Haut nicht mehr aus wie Haut, sondern eher wie ein stark benutztes Küchenbrettchen. So auszusehen, werden Sie nur in ganz ungewöhnlichen Situationen anstreben. Nur wenn Sie ganz starken Bartwuchs haben oder an einen ganz dunklen Ort gehen, sollten Sie den Gebrauch von Cream-Make-up erwägen.

Wenn Sie Lippenstift benutzen, pudern Sie Lippen und Umgebung mit einem Compact-Puder einer etwas helleren Nuance als Ihr Make-up. Dann wirken die Lippen eindrucksvoller. Der Lippenstift soll auch besser halten, wenn die Lippen vorher gepudert sind. Lippenstift hält aber nie, lassen Sie sich nichts erzählen. Sie müssen ihn einfach mitnehmen und gelegentlich nachziehen. Zum Auftragen spannen Sie die Lippen zu einer Sag-Cheese-Grimasse. Die meisten Männer haben vergleichsweise schmale Lippen und werden eher etwas über die Außenkante der Lippen hinaus malen, indem sie die natürliche Kontur der Lippe nicht zu verändern suchen – das würde ohnehin schiefgehen –, sondern ihr folgen. Um die Unterlippe optisch zu vergrößern, legen Sie sie so, als wollten Sie ein „M" sagen, und stülpen Sie sie dann noch ein Stück weiter nach innen. Statt zu stülpen, können Sie auch ziehen. Die obere Lippe schmiert so den Lippenstift in perfekter Form auf die untere. Gegebenenfalls ziehen Sie die erhaltene Form noch einmal mit Farbe nach. Wenn Sie sich vermalt haben, wischen Sie das Überstehende mit einem Finger nach innen zur Lippe hin, und pudern Sie darüber.

Wimperntusche aufzutragen, muß man einfach üben. Streichen Sie den Pinsel an der Flasche ab, bevor Sie zu den Augen gehen. Am besten halten Sie die Augen halb geschlossen. Wenn Sie dicke Wimpersträh-

nen haben wollen, pudern Sie einmal kurz bei ge-
schlossenen Augen über die Wimpern, und tragen Sie
dann die Tusche auf.

Lidstrichstifte heißen Kajal, das werden Sie wissen.
Um einen sauberen Lidstrich zu ziehen, spannen Sie
das Lid als Rechtshänderin mit der linken Hand nach
außen. Dazu legen Sie den Zeigefinger neben das Auge,
üben etwas Druck aus und ziehen Finger und Haut einen halben Zentimeter nach außen. Die Hand, mit der
Sie den Stift halten, legen Sie entweder auf die Wange
oder gegen die andere Hand, die das Lid spannt. Das
verhindert Zittern und grobe Bewegungen, die der Tod
jedes Lidstrichs sind. Die Bewegung, mit der Sie auftragen, kommt aus den Fingern und etwas aus dem
Handgelenk, niemals aus dem Arm.

Auch Lidschatten tragen Sie auf das gespannte Lid
auf. Nehmen Sie viel Farbe auf den Pinsel – der eher
ein Wattestäbchen als ein Pinsel ist –, damit die Farbe
für das ganze Lid reicht und Sie eine regelmäßige Farb-
verteilung erreichen. Die Bewegung ist etwa dieselbe
wie die zum Lidstrich, aber es hält nicht so genau.

Wenn Sie mehrere Farben verwenden, liegt die helle-
re meistens oben und außen. Denken Sie daran, daß
Sie beim Schminken sozusagen direkt vor Ihrem Auge
stehen. Normalerweise wird der Betrachter nicht so
nahe an Sie herankommen, das müssen Sie bedenken.
Eine ganz schwache Farbe außen zum Beispiel wird
man normalerweise gar nicht mehr sehen.

Wenn Sie den Lidschatten fließend in die Hautfarbe
übergehen lassen wollen, nehmen Sie einen großen
weichen Puderpinsel ohne Puder und streichen Sie
nach oben und außen, so daß ein bißchen Farbe mit-
geht.

Vermeiden Sie alles Rot an den Augen. Es sieht doch nur entzündet aus!

Wenn Sie Lidstrich und Lidschatten auftragen wollen, ziehen Sie den Lidstrich, tragen den Schatten auf und ziehen den Lidstrich noch einmal, dann wird er nicht von der Farbe des Lidschattens abgeschwächt und hält besser als bei einmaligem Auftrag.

Zum Schluß gehen Sie nochmal mit einem farblosen oder etwas helleren losen Puder drüber. Das können Sie auch zwischendurch als Ersatzhandlung machen, wenn Sie sich für die weiteren Schritte inspirieren wollen. Der große Puderpinsel ist das Szepter der gepflegten Tunte und wirklich zu empfehlen. Weil es so professionell aussieht, wenn man damit herumhantiert, verlieren auch Anfängerinnen alle Zweifel in ihre Schminkkunst und können sich mit solchermaßen gestärktem Selbstvertrauen in ungeahnte Höhen aufschwingen. Man sollte aber hinterher nicht allzu experimentell aussehen!

Wenn Sie sich unsicher fühlen, schreiben Sie mit Lippenstift auf den Spiegel: Ich bin schön! Langsam, aber sicher werden Sie von diesem Satz infiltriert werden. Und Schönheit ist keine Frage des Aussehens, sondern der Ausstrahlung und des Glaubens.

Körperpflege

Ich möchte mich kurz dem Thema Körperpflege widmen. Manche Menschen duschen zweimal täglich, onanieren dreimal täglich und gehen viermal in der Woche ins Sonnenstudio. Das können keine gepflegten Tunten sein!

Als Tunte hat man nicht die Zeit, sich diesen Dingen so exzessiv hinzugeben. Man hat andere Aufgaben; man hat eine andere Mission in dieser Welt. Duschen Sie einmal in der Woche, das ist auch viel besser für die Haut.

Sollten auch Sie, obwohl Sie schon bis hierher gelesen haben, noch zu dieser Gruppe zählen, empfehle ich Ihnen, sich einer karitativen Vereinigung anzuschließen. Das lenkt ab und ist viel lustiger. Außerdem verbraucht es weit weniger Wasser.

Düfte

Vermeiden Sie starke blumige Düfte. Auch das ist eine Form von Umweltverschmutzung! Gerade Sie als gepflegte Tunte haben ein ureigenstens Interesse am Erhalt der Welt, weil Sie ohne Welt keine Tunte von Welt sein können.

Die Rasur

Eine in der Literatur und der Fachpresse zumeist nur allzu stiefmütterlich behandelte Frage ist die der Rasur: genauer, die der Gesichtsrasur.

Zur Rasur läßt sich eigentlich nur sagen, daß sie gründlich sein soll. Gründlich ist ein analytisches Prädikat zu Rasur. Gründliche Rasur und gepflegtes Tuntentum haben bei eingehender Betrachtung an dieser Stelle Gemeinsamkeiten, unterscheiden sich aber ansonsten deutlich.

Um Mißverständnissen vorzubeugen, wollen wir hier auch bemerken, daß die beiden – gründliche Rasur und gepflegtes Tuntentum – einander nicht bedingen. Man kann durchaus nachlässig rasiert sein. Man muß es aber entweder absichtlich sein oder weil man einfach keine Zeit mehr hatte, etwa wegen der langen Dauer des Schminkvorgangs. Prioritäten muß jeder setzen im Leben, aber was zählt, das wissen wir schon, ist einzig ein guter Wille.

Sie werden mich sicherlich fragen, ob Sie sehr lange sparen müssen, um sich gründlich rasieren zu können. Die Frage läßt leider keine generelle Antwort zu. Es kommt darauf an, wieviel Geld Sie monatlich zurücklegen können. Körperpflege ist eine Frage der Disziplin und für manche auch ein Ausdruck der Selbstachtung. Schminken hingegen ist nicht jedermanns Sache. Es bedarf eines gewissen gestalterischen Vermögens oder einer guten und aufopferungsvollen Freundin. Wenn gar nichts hilft, können Sie einfach Maskenbälle geben.

Doch bevor wir in den ureigensten Wirkbereich, den Ballsaal, einer jeder gepflegten Tunte walzen, wollen wir uns das Vergnügen, in die innerste Sphäre der Schloßherrin vorzudringen, nicht entgehen lassen.

Die Kemenate

Wie soll sie sich kleiden?

Wenn auch Sie zu den Leuten gehören, die gerne Kleidung tragen, wenn Sie sich in der Öffentlichkeit bewegen, so sollten Sie nach dem Grundsatz „Walle, walle!" verfahren.

Enge Kleidung klebt am Körper, und es macht keinen großen Unterschied, ob man nun nackt ist oder eng bekleidet. Wenn Sie sich schon der mühevollen Prozedur des Ankleidens unterwerfen, dann soll man das Ergebnis doch auch sehen.

Man kann sich natürlich auch dafür entscheiden, bewußt unauffällig zu sein. Wenn Sie eine wirkliche Tunte sind, erregen Sie damit natürlich das meiste Aufsehen, und man wird Sie schlicht und elegant finden. Wirkliche Scherzbolde werden sagen: „Schlicht und ergreifend!" Das bietet Ihnen Gelegenheit zu antworten: „Manchmal bin ich ganz gerne ergriffen."

Um das meiste Aufsehen mit der größten Unauffälligkeit zu erzielen, müssen Sie bereits sehr fortgeschritten sein. Da gibt es wirklich nur wenige Meisterinnen, und Sie sollten nicht damit beginnen, sonst sind Sie womöglich enttäuscht, weil alle Sie für schlicht und elegant halten, und dabei sind Sie besonders auffällig gekleidet. Manchmal hilft da auch ein klärendes Wort.

Außer daß Ihre Kleidung so sein sollte, daß man an der Menge des verwendeten Stoffes merkt, daß Sie welche tragen, sollten Sie zugleich noch ein zweites berücksichtigen: Ihre Kleidung sollte immer ungewöhnlich schön sein! Wer einmal anfängt, mit der Mode zu gehen, wird ihr immer hinterherlaufen. Sie haben da eine andere Mission: Sie tragen das gepflegte Tuntentum zur nächsten Generation. Seien Sie also nicht modisch, sondern schön gekleidet!

Wenn Sie immer dasselbe Kleid tragen, wird man zunächst über Sie herziehen, aber sobald Sie diesen Sturm der Bösartigkeit überstanden haben, und alle schon mal darüber geredet haben und die Sache als Gesprächsthema gegessen ist, werden Sie dastehen wie ein Fels in der Brandung. Man wird Sie für Ihre Standhaftigkeit bewundern, und das nur, weil Sie zu faul sind, ständig einkaufen zu gehen. Manchmal ist es eben ganz einfach.

Wenn Sie darauf angesprochen werden, immer dasselbe Kleid zu tragen, und jemand glaubt, Ihnen mitteilen zu müssen, daß Ihr Kleid ja schon stinke, sagen Sie zum Beispiel: „Ich bin, wie ich bin!" oder: „Das ist genau mein Stil!" Daraufhin wird sich der so Belehrte sehr wahrscheinlich mit einem Gesichtsausdruck des Ekels abrupt von Ihnen abwenden, weil Sie so abgeschmackte Dinge sagen. Und mit jemandem, der Ihnen so blöde gekommen ist, wollen Sie sowieso nicht reden. Verkaufen Sie sich nie unter Wert, es sei denn, danach steht Ihnen gerade der Sinn!

Allgemein läßt sich sagen: entweder Stretch oder ganz weit und wallend. Stretchkleider passen sich Ihrer individuellen Körperform an. Vor allem im Oberkörperbereich ist das sehr angenehm.

Wallende Kleidungstücke sind natürlich, luftig und spannend, weil sie mal so und mal so fallen, wenn Sie eine ausladende Gestik haben oder sich immer mal anders hinsetzen. Und wallende Kleidungsstücke verstecken natürlich auch, was versteckt gehört, damit es entdeckt werden kann – zum Beispiel den Leberfleck an Ihrem Schlüsselbein.

Wenn Sie zum erstenmal zu jemandem nach Hause eingeladen sind, beispielsweise zu einer Geburtstagsfeierlichkeit, und Sie wissen nicht, welche Farbe oder welche Farben ihre oder seine Sitzmöbel haben, rufen Sie nicht an, um sich danach zu erkundigen. Man wird so leicht für eitel gehalten. Tragen Sie ein schwarzes Kleid! Schwarz paßt zu allem; und wenn nicht, dann gibt es einen schönen Kontrast.

Goldrandgardinen
〰️

Benutzen Sie grundsätzlich nie eine Gardine als Kleidungsstück. Sie sind kein Fenster! Auch wenn Sie dem einen oder anderen den Blick in eine neue Welt, und zwar eine schöne, öffnen können.

Schuhkauf
〰️

Ich möchte wirklich allen gepflegten Tunten empfehlen, sich öfters mal ein Paar Pumps zu gönnen! Pumps sind eine beständige Anlage und wahre Freude: Kein Paar Schuhe hält länger, weil Sie sie nicht so häufig tragen werden.

Ich habe wirklich nur die besten Erfahrungen beim Schuhkauf gemacht. (Eine echte Verkäuferin will verkaufen, egal was wem und wem was. Wenn Sie es sich leisten können, kaufen Sie Kleider ruhig in einer teuren Boutique, da schauen Ihnen auch nicht so viele

Leute zu.) Schuhe sind aber außerdem irgendwie nicht so intim und geschlechtskonstitutiv wie andere Kleidungsstücke. Einen schönen Pumps wird man einem schönen Herrn immer gerne verkaufen!

Nichts hebt im wörtlichen Sinne so sehr wie das Tragen von Stöckeln. Das ist eine wahre Herzensangelegenheit jeder Tunte. Warum, weiß kein Mensch.

Ich möchte hier auch dem bösen Gerücht, man könne in solchen Dingern gar nicht laufen, mit Entschiedenheit entgegentreten! Das stimmt nicht, und man muß das Laufen auch nicht besonders üben. Sie werden sich im Gegenteil so fühlen, als begriffen Sie erst jetzt, was Gehen eigentlich heißt und was es für Ihr Leben bedeuten kann!

Gegen Abend kneten Sie Ihre Waden ein bißchen mit Massageöl. Wenn Sie keins im Haus haben, leistet Körperlotion fast dieselben Dienste.

Für den Rücken empfehle ich Ihnen folgende kleine Übung:

Stemmen Sie beide Fäuste in den Rücken, etwa eine Handbreit über den Beckenknochen. Sie werden selbst spüren, welche Stelle ich meine. Pressen Sie Ihren Rücken dagegen, und atmen Sie tief ein und aus. Achten Sie darauf, nicht ins Hohlkreuz zu gehen.

Aber denken Sie daran: die Stöckel vorher auszuziehen!

Wenn Sie damit was anfangen können, stellen Sie sich vor, Sie atmen mit der Stirn ein – genauer: mit dem Auge der Weisheit – und mit den Füßen aus, so daß der Atem durch Sie durchgeht. Das erdet und verstärkt die Wirkung der Übung.

Eine andere gute Sache nach einem durchstöckelten Tag ist diese: Setzen Sie sich auf den Boden, ziehen Sie die Füße an Ihren Körper, so daß Ihre Knie vor Ihrer

Brust zu stehen kommen. Jetzt machen Sie einen möglichst krummen Rücken. Machen Sie sich für einige Sekunden ganz klein und rund, dann entspannen Sie den Rücken und wiederholen die Übung einige Male.

Der hohe Absatz der Stöckelschuhe kippt den Rücken in eine ungewohnte Position, und diese Übung streckt Ihren Rücken wieder in die Gegenrichtung. Sie werden sich ein bißchen komisch vorkommen, aber Sie werden auch merken, wie gut diese Art von Verrenkungen tut. Mit diesen beiden kleinen Tricks kann nun wirklich nichts mehr schiefgehen.

Diademe

Die gepflegte Tunte befindet sich in einem Dilemma. Sie ist Königin und lebt in der Demokratie. Dabei wäre es gar nicht schwierig, die Heten unter den Tunten aufzuteilen: Es gäbe genug Untertanen für jede, und die normalen Schwulen könnten meinetwegen einen Freistaat gründen.

Aber leider, wissen Sie, es soll wohl nicht sein, und so muß man eben sehen, wie man sich anpaßt und wie man das Beste aus den gegebenen Umständen macht.

Früher hat man Diademe getragen, und auch heutzutage wollen die Königinnen entsprechend ihrer Position gekleidet sein. Kronen sind etwa Mitte letzten Jahrhunderts aus der Mode gekommen – man ist bescheiden geworden als Königin und trägt lieber ein Diadem. Sie, verehrte Leserin, werden wahrscheinlich Schwierigkeiten bekommen, weil es doch recht auffällig ist, mit seinem Diadem in der Frisur U-Bahn zu fahren. Machen Sie sich aber nichts draus, denn es gibt eine einfache Lösung. Aus kulturgeschichtlicher Perspektive tragen Sie dazu bei, die Menschheit ein Stück auf ihrem evolutionären Weg vorwärtszubringen, indem Sie an Stelle eines Diadems einfach eine Sonnenbrille benutzen.

Arbeiten Sie die Sonnenbrille liebevoll und sorgfältig ins Haar ein. Vom Gefühl und von den Trageeigenschaften her sind Diademe und Sonnenbrillen völlig dasselbe, aber wenn Sie sich zum Tragen von Sonnenbrillen entscheiden, haben Sie die Vorteile, sich nicht altmodisch vorzukommen und gegen weniger Dresscodes zu verstoßen.

Gang
∾

Die Tunte *comme il faut* wackelt mit dem Hintern, wenn sie als solche erkannt werden möchte.

Die gepflegte Tunte wackelt deshalb mit ihrem Hintern, weil sie durch diese Art eines ins Gepflegte gewendeten Seemannsgangs zeigen möchte, daß sie weiß, daß die Welt rund ist und sich dreht! Sie erinnern sich …

Kurz haben wir uns in der Kemenate umgeschaut, und mit einiger Wehmut verlassen wir sie schon wieder. Natürlich steht in diesem Raum ein Tisch mit ein paar Stühlen, und ganz intime Freundinnen werden manchmal in diesen Raum geführt, um den Kaffeeklatsch hier zu begehen.

Wir stellen uns vor, es ist der Tag eines großen Festes, und die Frau des Hauses verläßt jetzt dieses kleine Gemach seelisch gestärkt, um in den Ballsaal zu gehen und sich durch die bewundernden Blicke der Anwesenden dort für ihre Mühe belohnen zu lassen.

Der Ballsaal

Wie soll sie mit Menschen Umgang pflegen?

Der Kneipenbesuch

Die Sprache ist eine weise alte Frau. Manchmal hakt sie sich beim alten Freud unter, und die beiden machen einen kleinen Spaziergang durch die Länder der Kindheit und die Gesellschaftsformen der Erwachsenen.

Wenn man also in Gesellschaft ist, macht man Konversation, und nicht ohne Grund hat die alte Frau „konversieren" in die klangliche Nähe von „konservieren" gerückt. Es geht also bei einer Konversation nicht darum zu sagen, was man gerade denkt, oder wie es einem geht, sondern darum, dasselbe immer wieder neu zu sagen. Deshalb glauben so viele KneipengängerInnen ja an die Wiedergeburt. Was man sagen soll, ist kanonisch und festgelegt.

Die Sachlage

Wenn Sie in eine schwule Kneipe oder sonst einen Laden gehen, also ausgehen, können Sie sich an die zwei Faustregeln halten: Wenn Sie alles scheiße finden bzw. kritisch betrachten – das kommt darauf an, wie teuer der Laden ist –, machen Sie sich interessant (wenn es denn klappt und Ihr Gesprächspartner keine gepflegte Tunte ist). Sie werden sich sehr wahrscheinlich über Politisches oder Kulturelles unterhalten müssen – je nach Laden-Preisklasse.

Wenn Sie aber alles gut finden und viel grinsen, ohne auf den Anlaß zu achten, dann haben Sie Chancen auf einen Geschlechtspartner, sollten sich aber darüber im klaren sein, daß Sie nicht unbedingt ganz ernst genommen werden. Wenn man in einer Stadt mit mindestens zwei schwulen Läden wohnt, macht das aber nichts: Da diese Läden zumeist ein Stammpublikum haben, das mit den Besuchenden des anderen Ladens prinzipiell verfeindet ist, können Sie sich hier so und dort so installieren und dann je nach Stimmung hierhin oder dorthin ausgehen. Schließlich macht es ja auch Spaß, für eine Weile platt und dumm zu sein.

Was soll man nun machen mit diesem niederschmetternden Befund der zwischenmenschlichen Beziehungen? Nichts. Man soll es eben nur wissen. Wenn man bei einer der beiden Techniken durchschaut wird, kann man es thematisieren. Das wird meistens als ziemliche gedankliche Leistung mit Erstaunen registriert. Es wird einem dann verziehen, aber man muß sich anschließend über Politisches oder Kulturelles unterhalten.

Der liebe Gott hat die Welt eben so gemacht, wie sie ist, und er wird sich schon was dabei gedacht haben, und wenn nicht, das ist nun wirklich nicht Ihre Schuld. *Il faut imaginer Sisyphe heureux* – man muß aber dran glauben.

Im Laufe Ihrer Entwicklung werden Sie vielleicht feststellen, daß der eine oder die andere nicht ganz versteht, was Sie sagen wollen. Das ist kein Grund zur Sorge, denn was man sagt, hat ja auch immer verschiedene Aspekte: Schulz von Thun unterscheidet in seinem Werk *Miteinander Reden 1* vier verschiedene „Ohren", auf denen eine Botschaft – was immer Sie sagen, nennt Herr von Thun eine Botschaft – gehört werden kann: Das Beziehungsohr, mit dem der Empfänger der Botschaft seine Meinung darüber bildet, was das Gesagte über seine Beziehung zum Sender aussagt; das Sachohr für die Sachinformation, das Selbstkundgabeohr für den Aspekt der Botschaft, der etwas über Sie selbst aussagt, und noch eines, das Appellohr, also, ob man und was man denkt, das man machen soll auf die Botschaft hin.

So hat etwa die Botschaft: „Der Wein ist alle" den appellativen Aspekt: „Hol mir noch Wein!". Das sagt natürlich etwas über die Beziehung aus: Der eine versucht, dem anderen einen Befehl zu erteilen. Der Sachaspekt ist offensichtlich, aber gar nicht gemeint; es geht dem Sprecher ja vermutlich nicht darum, mitzuteilen, daß der Wein alle ist, sondern darum, neuen zu bekommen. Der Selbstkundgabe-Aspekt könnte in diesem Fall sein: „Ich bin zu faul, mir Wein zu holen" oder auch: „Ich denke, in unserer Beziehung mußt du mich selbstverständlich bedienen." Der Selbstkundgabe-Aspekt könnte aber auch sein: „Ich bin betrunken."

Was eine Aussage bedeutet, bzw. wie sie verstanden wird, ist also gar nicht so eindeutig, und kleinere Mißverständnisse sind nahezu die Regel. Besonders, was die Aussage über eine Beziehung angeht, ist leicht mißverständlich, weil der Beziehungsaspekt eben nur mitschwingt und von vielen auch gar nicht so besonders bedacht wird. Man ist zwar im allgemeinen mehr oder weniger höflich zueinander – das bedeutet, auf den Beziehungsaspekt einer Botschaft acht zu haben –, aber zumeist redet man doch, ohne sich darüber im klaren zu sein, was man eigentlich außer der Sachinformation noch alles mitteilt.

Das ist wirklich eine lesenswerte Sache und für gepflegte Tunten unerläßlich: Schulz von Thun.

Also schon so ist es schwierig genug, wenn Menschen miteinander reden. Bei einer Tunte kommt noch etwas dazu: Ich möchte das im Unterschied zu den genannten Aspekten der Botschaft die *Ebenen* der Botschaft nennen. Davon hat die gepflegte Tunte nämlich drei. (Manchmal vier, wenn sie in der Klemme sitzt und sich vor Ironie selbst nicht mehr retten kann.)

Die erste Ebene ist sozusagen die normale: Die Information ist so gemeint, wie sie gesagt ist. Die zweite ist die Ironie: Die Information ist anders, ungefähr gegenteilig gemeint. Und nun die dritte, eigentlich gepflegt tuntige Ebene ist die, daß der Sprecherin diese Ironie bewußt ist, zumeist als das, was man als Tunte in der Tuntenrolle – die ja als ironisch gedacht ist – sagen oder machen soll, und es dann sagt oder macht, um es dadurch noch einmal zu ironisieren.

Ich hoffe, das war deutlich.

Zwischen diesen Ebenen wechselt die gepflegte Tunte nun immer hin und her – das ist ja nur zu verständlich –, und manchmal wird einfach auf der falschen Ebene und womöglich auch noch mit dem falschen Ohr gehört. Das ist dann schade, aber auch verständlich und kein Grund zur Sorge. Denn schließlich muß man auch manchmal mißverstanden werden, um Opfer und unverstanden sein zu können. Es würde sonst

keinen Spaß machen. Aber es sollte auch nicht über-
handnehmen. Wenn wirklich fast niemand mehr versteht, was Sie meinen, dann ist es Zeit geworden, sich
zu fragen, ob es nicht vielleicht umgekehrt so ist, daß
Sie selbst es sind, die niemanden mehr versteht.

Das kann sehr leicht geschehen. Der Mensch ist ja
bekanntlich *zoon politikon*. Deshalb – und auch, weil
Sie denken, daß Sie ungewöhnlich, aber nichts Beson-
deres und ganz einfach gestrickt sind – denken Sie, alle
Welt ist wie Sie. Sie halten sich immer für ganz nor-
mal, was Sie ja auch sind. Nur kommunizieren Sie
nach leicht veränderten Regeln.

Trotzdem ist die Sache mit der ironisierten Ironie, vor
allem in dem Verwirrspiel der Abwechslung der Ebenen, doch ziemlich ungebräuchlich. Sobald Sie das dia-
gnostiziert haben, haben Sie auch wieder die Kontrolle
und können sich entscheiden, wie Sie sein wollen.

Wenn Sie Ihre Kommunikation erklären möchten,
machen Sie das am besten nicht zu früh am Abend,
denn oft beflügelt etwas Alkohol die Intuition Ihres
Gesprächspartners, der sich ja, wenn er Ihnen folgen
wollen sollte, in der unglücklichen Situation sieht,
nicht mehr recht entscheiden zu können, ob Sie diese
Erläuterungen jetzt ironisch oder ironisierend ironisch
oder nicht ironisch meinen, denn daß das nicht verstanden wird, darüber beklagen Sie sich ja gerade. In
dieser Lage kann ein bißchen Intuition schon nicht
schaden.

Natürlich ironisieren auch Heten männlichen und
weiblichen Geschlechts gelegentlich ihr Rollenverhalten. Aber wenn *Sie* das tun, weiß man nicht, ob Sie
weibliches oder tuntiges Verhalten karikieren. Die
Selbstironie ist ja schon als wesenhaft tuntig genannt;

das wirklich gepflegt Tuntige, wie Sie wissen, ist die Ironisierung der einfachen Geschlechterrollenironie. Das ist oft das Mißverständnis zwischen Tunten und Frauen. Die eine denkt, sie wird karikiert, die andere karikiert sich aber selber, bzw. ist einfach nur ein bißchen ironisch, jedenfalls auf sich selbst bezogen und nicht auf Provokation aus.

Hinzu kommt auch noch, daß Sie als Tunte sowieso immer etwas dicker auftragen müssen, damit man überhaupt merkt, daß Sie eine sind, denn man will ja nicht unbemerkt durchs Leben gehen. Das will niemand. Eine Frau etwa will ja schließlich auch, daß man merkt, daß sie eine ist. Die Männer legen darauf sowieso einiges Gewicht, und manche brauchen dazu ein großes und lautes Auto. Deshalb hat es der Umweltschutz so schwer! Sie können sich jedoch der Dezenz Ihrer Methoden sicher sein … Und wenn Sie noch so laut kreischen, nie werden Sie die Ausdauer eines Automobilmotors aufbringen.

Auch ein Dachdecker, um das Beispiel nochmals zu bemühen, will ja, wenn er gerne Dachdecker ist, daß man merkt, daß er einer ist. Dieser Hinweis hebt das Thema etwas weg von der leidigen Geschlechterfrage und legt ein größeres Gewicht auf das Tuntentum als Aufgabe und Beruf.

Spätestens mit dem Sein-wollen schiffen wir nun wieder in ganz tiefen Gewässern und wollen die Entscheidung jeder einzelnen überlassen. Goethes: „So klammert sich der Schiffer endlich noch/Am Felsen fest, an dem er scheitern sollte" fällt mir jetzt ein, aber ich bin auch schon ein bißchen betrunken. Und Sie können sich in einer Mußeminute überlegen, auf welchen Ebenen ich mich gerade befinden könnte.

Es ist aber gar nicht so selten, daß es nicht wirklich wichtig ist, zu verstehen, was der andere meint, sondern sich zu verstehen und einfach ein gutes Gefühl von gegenseitigem Verständnis beim Reden zu haben.

Das ist letztendlich ohnehin Sinn und Zweck jeder – jedenfalls privaten – Kommunikation. Also können Sie für den Moment wieder vergessen, was ich Ihnen über die vier Ohren auf den drei bis vier Ebenen erzählt habe und sich ganz auf Ihr Gefühl verlassen.

Wie gesagt, wenn alle plötzlich nur noch Unfug von sich geben, können Sie vielleicht noch mal einen Blick auf diese kleine Ausführung werfen. Dabei müssen Sie allerdings erst daran denken, daß die öffentliche Meinung von Ihnen verlangt, daß Sie nicht gut werfen können. Lassen Sie sich dann nicht davon beeinflussen, indem Sie absichtlich nicht treffen.

Zwangloses Plaudern leichtgemacht

Trotz der aufgezeigten Schwierigkeiten gibt es eine ganz schöne Taktik: Anknüpfungspunkte suchen und finden. Wenn Ihnen verschlossen geblieben ist, was Ihre Gesprächspartnerin oder Ihr Gesprächspartner gemeint haben könnte, dann seien Sie nicht eingeschüchtert und auch nicht traurig, sondern greifen Sie vielmehr einen einzelnen Punkt aus seinem Statement heraus und sagen Sie etwas dazu. Die meisten Leute machen das sowieso intuitiv – nur wir Tunten wollen immer so verständnisvoll sein –, und man wird sich nicht über Sie wundern.

Etwas drastischer und nur zu empfehlen, wenn Sie nicht unbedingt weiterhin mit Ihrem derzeitigen Gesprächspartner reden wollen beziehungsweise nicht auf dessen gute Laune angewiesen sind – zum Beispiel, weil Sie sowieso gleich mit Ihrer Freundin verabredet sind –, ist die Praxis, Ihre Antwort mit etwas zu beginnen, das Ihr Gegenüber versichert, also beispielsweise: „Ja, genau." Dann fühlt sich Ihr Gesprächspartner bestätigt und glücklich, und Sie können dann erzählen, was immer Ihnen auf dem Herzen liegt, und müssen sich nicht über ein oktroyiertes Thema unterhalten. So freuen sich beide Seiten. Es sei denn, Ihr Gegenüber ist nicht flexibel oder hat keine Lust auf das neue Thema. In beiden Fällen tragen Sie keine Schuld und haben es immerhin versucht.

Wenn man abends irgendwo aus ist und an einer Theke steht oder auch sonst an einer strategisch günstigen Stelle, von der aus man den Raum überblicken kann, und mit jemandem ins Gespräch kommt, neigt man dazu, relativ rasch davon zu erzählen, was man den Tag lang gemacht hat und was die letzten Tage an einigermaßen Bewegendem geschehen ist.

Da Sie ja nun aber eine wirklich ungewöhnliche Frau mit wirklich seltsamen Interessen und wirklich erstaunlichen Hobbys sind, müssen Sie ein bißchen taktvoll sein und ein wenig abschätzen, ob das, was Sie den Tag über gemacht haben, nicht möglicherweise zensiert werden muß. Denn Sie wollen ja nicht tiefgründig werden und auch keine schwulenpolitische Diskussion vom Zaun brechen. Das ist leicht möglich, wenn Sie erzählen, was geschah, als Sie Lebensmittel einkaufen waren. Sie wollen nur ein bißchen plaudern und den Tagesballast abwerfen wie alle andern auch.

Und denken Sie daran, wie schnell man als Kulturtunte verschrieen ist, und dann will niemand mehr Sex

mit Ihnen. Dann wollen alle, daß man sich Ihre blöd-
sinnigen Ausführungen über Kulturelles anhört. Ausführungen über Kulturelles machen aber nur Spaß,
wenn man sie selbst erzählt – dafür ist man schließlich
Kulturtunte!

Ich hoffe, Sie hören alle Ebenen trapsen und wissen
nun, was ich die ganze Zeit gemeint habe. Wenn Sie
gerade nicht meiner Meinung sind, dann haben Sie irgend etwas nicht ganz präsent. Ich möchte Ihnen eine
kleine Geschichte erzählen, um meinen theoretischen
Plaudereien auch Substanz zu geben.

Mir ist mal geschehen, daß ich gerade Monteverdi
für mich entdeckt hatte und dann abends meiner Bier-
flasche ein paar Stellen daraus vorgesungen habe.

Als ich dann angesprochen wurde – ich stand in so
einem Grüppchen –, was ich denn da singe, sagte ich
wahrheitsgemäß: „Monteverdi. Ich weiß aber nicht,
wie's heißt." Da hat man mir gleich – obwohl ich ja be-
tont hatte, daß ich dumm bin, indem ich gesagt habe,
ich weiß auch nicht, was ich da singe – mit einer gewissen Schnippischkeit um die Ohren gehauen: „Ich
höre ja keine klassische Musik! Von Verdi habe ich nur
mal das und das gehört."

Wenn man nun mal davon absieht, daß eigentlich
weder Monteverdi noch Verdi so richtig klassisch sind,
was soll man auf diese Bemerkung hin sagen, der sowieso nur noch halb eine Antwort zuläßt? „Ja schön!"
würde gehen, aber die Unterhaltung vermutlich endgültig beenden. Wenn man jetzt anfängt zu erklären,
daß Verdi nicht Monte mit Vornamen heißt und wer
Monteverdi ist, dann wird man für arrogant gehalten,
und der Gesprächspartner nimmt jemand anderen mit
nach Hause.

Also Anknüpftaktik angewendet, husch, husch! Weil der Teil „Verdi" wenig erfolgversprechend war, habe ich den anderen Teil, nämlich „Monte", aufgenommen und gesagt: „Ich interessiere mich sehr für die italienische Bergwelt."

Dort war dann mein Gesprächspartner zum Glück schon mal im Urlaub wandern und hatte, wie sich später herausstellte, ganz hübsche Waden davon.

Nur meine böse Freundin konnte sich natürlich den völlig überflüssigen Kommentar nicht verkneifen, daß die Italiener ja sogar ihre Berge nach Komponisten benennen würden. Diese Bemerkung wurde mit beifälligem Gemurmel aufgenommen, und jemand aus dem Grüppchen bemerkte, er liebe ja besonders das Schubertsche Forellenquintett, wenn das Streichquartett „Beethoven di Roma" es interpretiere, das habe etwas von steiniger Bergwelt und ursprünglicher Landschaft.

Die Moral von der Geschichte soll sein: Wenn sich Mißverständnisse anbahnen und Sie merken, Sie steuern auf eine verkorkste Situation zu, drohen, an den italienischen Bergen zu zerschellen und sehen sich schon wie Odysseus allein *in patria* nach Hause retournieren – ein leises Requiem von Verdi auf den gekräuselten Lippen –, dann nehmen Sie das Ruder kühn in die Hand und nehmen mittels der Anknüpftechnik Kurs auf ein anderes Gewässer. Natürlich ausgenommen, Ihnen ist es gerade wichtig, *to make your point.* Das wird aber selten der Fall sein. Denn wenn etwas für Sie wichtig ist, werden Sie seltsamerweise viel öfter verstanden, als wenn Sie einfach so irgend etwas erzählen wollen. Und das ist ja eine beruhigende Tatsache in Ihrem Leben – nach all der Schwierigkeit, über den gewesenen Tag zu plauschen.

Serien

Wenn Sie in die mißliche Lage geraten sollten, sich über Fernsehserien unterhalten zu müssen, lenken Sie das Gespräch auf eine der klassischen wie meinetwegen *Lindenstraße.*

Die sind inzwischen so überwuchert und lang, noch dazu werden verschiedene Episoden auf verschiedenen Sendern gezeigt, daß Sie mit Leichtigkeit mitreden können. Niemand wird merken, daß Sie Ehen stiften, die im Plot noch nicht vorgesehen sind.

Denken Sie auch an Kelly Bundys freudig-bangen Satz: „Von allen großen Opernhäusern kommt er ausgerechnet in meines!"

Nachdem wir die Freuden und Aufregungen des Ballsaals genossen haben, schlage ich vor, das durchschrittene Gebäude vom Schloßpark aus noch einmal versonnen zu betrachten.

Der Schloßpark

Wie steht sie in der Welt?

Iphigenienkomplex und Hetenhölle

Bevor ich mich dem eigentlichen Thema dieses Kapitels zuwende – dem Iphigenienkomplex und der Hete in ihrer ganzen gemeinen und perfiden, vor allem aber etwas desorientierten Aggressivität, also kurz: dem Sein der Tunte in der Hetenhölle –, möchte ich kurz eine kleine, aber wirklich wahre Geschichte erzählen. Es handelt sich um eine Episode zur Lage der Nation, und zwar dieser hier im doppel-x-ten Jahrhundert. Es geht mir nicht darum, die Welt böser zu malen, als sie ist. Das aber nur vorneweg.

Jetzt muß ich mich konzentrieren, damit die Geschichte auch wie versprochen schön kurz wird. Kurz und prägnant. Es ist ja oft so, daß man irgendwas ankündigt und dann vom Hölzchen zum Waldbrand kommt, und nach einer Weile finden alle die Geschichte lustig, und man hat sie noch gar nicht erzählt.

Mir ist so, als sei es in jenem, beziehungsweise in der Umgebung jenes Hannoveraner Bollwerks – der Schwulen Sau – gewesen, von dem ich nie weiß, ob es seinen Namen aus Vorwegnahme oder Selbstironie trägt. Denn vielleicht dachten sich die Namensgeber: „Die Gotik hat's ja schließlich auch geschafft! Und heute sprechen alle mit einer gewissen Ehrfurcht von ihr, bis auf die neuen Unbelehrbaren."

Es kann aber auch irgendwoanders gewesen sein – nur nicht im Ruhrpott, weil die Geschichte zwanzig Kilometer Umland braucht.

Also in jener nicht näher bezeichneten Stadt – die in mindestens einer Richtung über ein Umland von nicht weniger als 40 Kilometern Länge, Durchmesser oder Radius verfügt, damit es einen Punkt gibt, zu dem die nächste Ortschaft in jeder Richtung mindestens 20 Kilometer entfernt ist – begab es sich.

Jetzt habe ich aber doch eigentlich keine Lust, die Geschichte zu erzählen. Wegen der ganzen *negative vibrations*, die sie freisetzt.

Kurz und gut: Der Gegenstand des Streits war wie erwartet ein abgerissener Mercedes-Stern. Ein Mercedes-Stern ist der verkümmerte Rest einer Bugfigur. Bugfiguren pflegen großbrüstig und wohlgestalt zu sein und gehen ab dem Unterleib in den Schiffsrumpf über, der dadurch für den Seemann einen gewissen Reiz gewinnt.

Ich möchte darauf nicht näher eingehen, aber dieser Mechanismus scheint auch noch bei einer so rudimentären Gallionsfigur zu greifen, wahrscheinlich weil die Mercedes-Besitzer sehr großes Abstraktionsvermögen besitzen. Ich weiß eigentlich nicht so genau, was die sich so denken, diese Leute, jedenfalls also dieser Stern war der Stein des Anstoßes.

Die Polizei – verkörpert durch drei ihrer Beamten – spielte im Verlauf der Handlung die unrühmliche Rolle, eine noch von vorangegangenen Kämpfen mit besagtem Mercedes-Besitzer und dessen sozialer Bezugsgruppe blutende Tunte – die diesen Mercedes-Stern nicht abgebrochen hatte, sondern unbeeindruckt vom Geschehen ihrer Wege ging, weil ja nicht sie den Stern abgebrochen hatte, sondern irgendwelche anderen, die, gewitzter im Kampf als unsere Heldin, die Flucht ergriffen hatten –, unter üblen Reden, die ich an dieser Stelle gar nicht aufs weiße Papier stellen will, aufs platte Land zu fahren – das Ganze fand nachts statt –, an jene Stelle, die ich oben zu beschreiben suchte, um die Arme dort auszusetzen.

Die stand nun da, war noch ein paarmal durchgeschüttelt und beschimpft worden von denen, die sie mit ihrem Steuergeld und so weiter, blutete noch ein bißchen vor sich hin und konnte nichts weiter machen, als in Richtung eines Silberstreifs am Horizont zur Zivilisation zurückzugehen, in Gedanken die Klageschrift verfassend.

Nun, sie hat es überlebt und ist nicht verblutet, sonst hätte sich die Geschichte nicht überliefert. Wir erfahren aus dieser unschönen Begebenheit die doppelte Freude des Daseins: wie leicht es geschehen kann, zweimal ohne Anlaß Gegenstand von Hetenaggression zu werden.

Also das als Einleitung zum Iphigenienkapitel, das die Ablehnung der eigenen weiblichen Anteile beim gewöhnlichen heterosexuell orientierten Mann zum Thema hat. Diese Ablehnung sehe ich als unnütze gesellschaftliche Forderung der patriarchal strukturierten Gesellschaft. Wer sich dem unterworfen hat – und das ist ja fast ein alter Hut –, bei dem wird Aggression ausgelöst, wenn er das bei sich selbst abgelehnte Weibliche bei einem anderen ausgelebt sieht.

Das Iphigenienkapitel schreibe ich dann ein andermal.

Krieg und Vereinswesen

Ich gehöre ja nun zum Glück nicht zu denen, die der Meinung sind, sie hätten die Weisheit mit der Muttermilch aufgesogen, und deshalb glauben, sie könnten die Welt mit einem Satz erklären. Ich möchte aber doch kurz aufzeigen, wie man Krieg ein für allemal verhindern kann. Für das Tuntentum ist Krieg genauso schrecklich wie für alle Menschen, und deshalb möchte ich hier ein paar Zeilen darüber verlieren.

Männer machen Krieg. Das ist klar, und selbst ein postfeministischer Ansatz wird sich diesem Wissen nicht mehr verschließen können.

Aber gut: Männer bauen auch Häuser. Das muß man ihnen irgendwie anrechnen, und sie alle gleich umzubringen wäre nun zwar die konsequenteste Lösung, hat aber andere Nachteile, und wir wollen diesen Vorschlag als nicht gangbaren Weg nicht weiter beachten.

Die Palast-Intrige muß denn als das weibliche Pendant zum Krieg gesehen werden: Sie ist zielgerichteter, effektiver und irgendwie auch bescheidener. Nett ist aber auch eine solche Palastrevolte nicht, und wir wollen uns deshalb in bezug auf Männer und Krieg jedes moralischen Urteils enthalten.

Der Sinn von Krieg ist ja nicht, wie man denken würde, der Wunsch danach, möglichst viele andersfarbig Uniformierte zu ermorden. Sinn des Krieges ist es auch nicht, finanziellen Wohlstand zu vergrößern. Sinn des Krieges ist, das Geltungsbedürfnis zu befriedigen. Und dazu ist Krieg zweifelsohne eine recht praktische Sache. Da kann man gar nicht meckern. Für den, der ihn anzettelt, bis hinab zum kleinsten Soldaten sind alle Kriegsteilnehmer fürchterlich wichtig, weil Krieg so schrecklich gefährlich ist und echte Männer einerseits und harte Kerle andererseits die Gefahr so sehr lieben. Und wer schnell und gefährlich lebt, der ist eben auch wichtig. Das ist ja keine Frage. Aus diesem Zusammenhang rührt auch der bekannte Spruch: „Ich bin mit dem Krieg verheiratet."

Das war vielleicht ein wenig polemisch, aber die Welt ist manchmal unverständlich und gemein, manchmal auch ziemlich einfach gestrickt.

So! Nachdem wir nun also das Geltungsstreben – oder besser gesagt, die unermeßliche Geltungssucht – aller Männer als wahren Vater des Krieges ausgemacht haben, können wir das Problem ganz einfach lösen: Wenn es nämlich gelingt, allen Männern genug Geltung und Wichtigkeit zu verschaffen, dann haben sie gar keine Lust mehr auf Krieg. Letzten Endes wissen ja auch die Männer, wie anstrengend solche Schlachten sein können. Außerdem muß man ja auch Glück haben, um Publikum zu finden, denn was nützt es, wichtig zu sein, und keiner merkt es?

Und deshalb werden sie die Mühe scheuen, wenn sie eine Ausrede finden, die ihre Geltungssucht befriedigt. So sind sich viele Kriegsdienstverweigerer bewußt, daß ihre Aufgabe, das Heer zu schwächen, dem Weltfrieden dient. Und dem Weltfrieden zu dienen ist natürlich viel wichtiger als alles andere. Dem ist ja auch in der Tat so, ich möchte nur zeigen, wie man sich eine richtige Weltsicht basteln muß, und schon ist man wichtig und bedeutend – egal, was man nun eigentlich leistet oder verweigert.

So muß man nun auch verfahren, wenn man den Weltfrieden erreichen will. Wo ist man wichtig, ohne daß es jemandem schaden kann? Im Verein. Vereine bieten die Möglichkeit, fast jedem Mitglied einen bedeutenden Posten samt wichtigen Aufgaben zu geben. Das ist schon ganz gut.

Vereine schossen letztes Jahrhundert aus dem Boden in den Deutschländern, weil es der politischen Situation wegen keine Chance gab, wirklich wichtig zu werden. Das scheint meine These zu stützen. Aber wir wissen auch, daß das Vereinswesen es letztes Jahrhundert ganz offensichtlich nicht geschafft hat, alle Kriege zu verhindern. Für dieses Phänomen findet sich die Begründung, daß es einfach zu wenige Vereine gab!

Man muß dafür sorgen, daß jeder einzelne Mann in einem ungeheuer wichtigen Verein Vorsitzender ist. Erst das kann ihn völlig zufriedenstellen. Ungeheuer wichtig ist jeder Verein, wenn man ihn nur wichtig findet. Das ist eine Einstellungssache, die erzieherisch erwirkt werden muß, und dürfte kein Problem sein. Durch Werbung hat man sogar geschafft, daß viele Menschen denken, Coca-Cola schmecke gut!

Wie kann man aber erreichen, daß es so viele Vorsitzende gibt? Naheliegend wäre, daß jeder Verein einfach mehrere Vorsitzende hat. Das würde aber gar nicht gehen, weil es keinen Spaß macht. Nein! Man muß einfach die Vereine verkleinern. Ein Verein ist ein Verein ab sieben Mitgliedern. Die Tage der Woche sind auch sieben. Jeder Mann muß also sieben Vereinen angehören, jeder Verein muß andererseits (mindestens) sieben Mitglieder haben. So kann jeder Vorsitzender eines Vereins sein. Das befriedigt das Geltungsbedürfnis so vollständig, daß man sich über den Weltfrieden keine Gedanken mehr machen muß. Das Vereinswesen, wenn es erst einmal in der von mir aufgezeigten Weise eingeführt und verpflichtend gemacht worden

ist, garantiert ihn. Übrigens möchte ich gerne Bundes-
präsidentin werden und ein grünes Kleid tragen, wenn
ich den grauen Asphalt der Weltstädte betrete, zu denen ich zwecks Völkerverständigung reise.

Die Sache mit den Vereinen hat auch den zusätzlich
verstärkenden Faktor, daß der Mann, der siebenmal in
der Woche zu einer mehrstündigen Vereinssitzung
geht, gar keine Kraft mehr für weitergehende Aggres-
sionen haben wird. Und er wird wieder gerne zu Hause sein.

Sie sehen: Die Sache hat Hand und Fuß, und ich frage mich wirklich, warum sie noch niemand ist die Tat
umgesetzt hat. Es wäre so einfach!

Tuntenphobie

Sehen Sie, meine Lieben, die Tuntenphobie – also die
Angst der heterosexuellen Bevölkerung und der infil-
trierten normalen Schwulen vor Tunten – muß einen
wundern, denn schließlich schaffen Tunten durch ihr
Konsumverhalten viele Arbeitsplätze. Allein die Tatsache, daß man als Tunte zwei komplette Garderoben
braucht – einerseits Herrenbekleidung und andererseits einen Schrank voll Cocktailkleider –, sollte die
Menschen, jedenfalls die Schreiner-Innung und die IG
Textilien, den Tunten wohlgesonnen stimmen.

Nichts davon ist der Fall. Warum?

Wie bei so vielen Dingen, muß man auch hier einen
Blick in die Geschichte wagen, denn zwischen den Heten und den Tunten wohnt alter Haß. Meine Freundin
Gisela und wiederum deren Freundin Beate haben
mich auf diesen Zusammenhang, den ich Ihnen gleich

vorstellen werde, hingewiesen. Die heterosexuelle Geschichtsschreibung hat ihn im 14. Jahrhundert verschleiert, was allerdings bei der dünn gesäten Quellenlage auch nicht weiter schwierig war. Beate ist Arabistin und konnte eine bislang unverständliche Stelle bei Avicenna endlich deuten.

Es war nämlich so. In alter Zeit hielten die Tunten bei den Hunnen und überhaupt im ganzen östlichen Teil der Welt, bis kurz vor Indien, das Heft in der Hand und waren als absolute Herrscherinnen an der Macht. Die Tunten lebten also in ihren Palästen und herrschten so vor sich hin, ganz wie sich das gehört. Im Laufe der Jahrhunderte verloren sie langsam den Blick für die Realität ihrer minderbemittelten Untertanen. Schon damals hatten sie viel Geschmack und ordneten deshalb an, alle Felder nicht mehr mit Getreide zu bestellen – wahrscheinlich baute man damals dreikörnige Hirse an –, sondern Geranienkulturen anzubauen.

Nach einem Jahrzehnt war ganz Osteuropa eine einzige Geranienkultur. So weit das Auge reichte, war Schönheit, Schönheit, Schönheit. Aber leider brach eine Hungersnot aus, weil eben alles mit Geranien vollgepflanzt war. Da wählten dann die Heten einen Führer unter sich und beschlossen, die Tunten zu hassen. Die Tunten ließen sich das natürlich nicht gefallen, und so kam es zu Revolution und Bürgerkrieg. Schließlich wanderten die Heten aus, weil es ihnen jetzt Zeit zu sein schien für die Völkerwanderung und die damit verbundene Gleichberechtigung der heterosexuellen Bevölkerung. So wanderten sie los, haßten die Tunten fortan und eroberten ein Reich nach dem anderen, weil sie so wütend waren, aber an die Tunten nicht mehr rankamen, weil sie ja weggewandert waren. Das hatten die Heten nicht gut geplant.

Bis heute kann man in öffentlichen Anlagen eine schleichende Verminderung des Geranien-Anteils in der Bepflanzung beobachten, weil die Heten unbewußt den Anbau von Geranien, den sie ja inzwischen selbst anordnen, immer wieder untergraben. Das ist immer noch eine inzwischen unbewußt gewordene Folge der Völkerwanderung.

So weit liegt also die Ursache zurück, warum die Heten die Tunten nicht leiden können. Man kann da wenig machen, aber ich schreibe es auf, damit Sie, verehrte Leserin, geschätzter Leser, wissen, woran es liegt, und keine Schuldgefühle den Heten gegenüber bekommen. Es liegt nicht an Ihnen, meine Liebe, daß die Heten Sie hassen. Da kommen eben tief aus dem kollektiven Unbewußten Wut und Angst hoch, und die Unreflektierten unter den Heten, und auch unter den Schwulen – die natürlich genauso teilhaben am kollektiven Unbewußten –, können dagegen gar nicht ankommen und müssen hassen und Angst haben. Daß sie nichts dafür können, macht die Sache nicht besser, aber man sollte es wissen, bevor man die Heten alle verurteilt.

Bedenken Sie auch stets, daß sich sogar auch bei Ihnen selbst, verehrte Mitstreiterin, dasselbe kollektive Unbewußte Bahn brechen kann, und erkennen Sie es als einen Teil von sich an, den es durch die Kraft der Liebe aufzulösen und zu integrieren gilt, ehe Sie sich selbst in Ihrer ganzen Vollkommenhheit, die Sie wie jede haben, ganz annehmen können.

Der Salon

Vermischte Weisheiten

In diesem kleinen Leitfaden ist es natürlich immer nur möglich, blitzlichtartig Situationen, Seinsbedingungen und Grundprinzipien der gepflegten Tunte wiederzugeben und vorzustellen. Das reicht aber auch, denn die Essenz ist das Wichtige.

Der Salon ist der passende Rahmen, viele interessante und wichtige Dinge anzuschneiden, kurz abzuhandeln und zum nächsten überzugehen, wobei auch die scheinbar nebensächlichen Dinge hier von der gleichen Bedeutung wie die weltbewegenden sind.

Selbstvertrauen

Für eine ungewöhnliche Frau wie die gepflegte Tunte ist es natürlich besonders wichtig, viel Selbstvertrauen zu haben. Wenn einem die andern schon nicht vertrauen, muß man es selbst machen. Mit der Zeit werden die anderen nachziehen.

Ich möchte Ihnen anhand eines kleinen Beispiels erzählen, was ich mit Selbstvertrauen – also mit einem gesunden Maß an Selbstvertrauen – meine: Die alten Griechen, denen wir ja die Erfindung der abendländischen Wiege verdanken, haben irgendwann auch den Kompaß erfunden, indem sie einen natürlichen Magneten an einen Faden gehängt haben.

Bevor sie das raus hatten, sind sie aber auch schon zur See gefahren, und zwar in der Ägäis, weil die für die Griechen so naheliegend ist. Die Ägäis hat viele Inseln – an die siebenhundert –, und viele davon waren auch damals von InselbewohnerInnen bewohnt. Die Griechen sind immer der Nase nach geradeaus, nach rechts und nach links gefahren, Gottvertrauen im Herzen. Bei unterschiedlichen Witterungsbedingungen sind sie natürlich immer woanders angekommen. Das angesteuerte Ziel war vom Boot aus gesehen mal rechts und mal links und mal ganz weg. Weil sie immer dasselbe gemacht haben und die Inseln trotzdem immer woanders waren, haben die Griechen beschlossen, daß Inseln im Meer schwimmen und ihre Position immer verändern. Auch die Tatsache, daß Erde, Steine usw. untergehen, wenn man sie ins Wasser wirft, hat sie von dieser Überzeugung nicht abgebracht: Inseln schwimmen!

Das ist gesundes Selbstvertrauen!

Von der Säule als Symbol der Männlichkeit

Von der Säule in ihrer tragenden Rolle muß gesagt werden, daß sie nicht mehr benutzt wird. Sie ist veraltet und häßlich.

Im letzten Jahrhundert galt dieser Satz auch schon; da hat man allerdings noch so getan, als würde man Säulen brauchen. Da war man ja überhaupt ein bißchen doppelmoralisch. Das Pergamonmuseum in Berlin ist ein ganz gutes Beispiel für diesen Gebrauch.

Das Erechtheion in Athen wird seit etwa 2445 Jahren von sechs Jungfrauen, den sogenannten Koren, getragen und steht immer noch.

Aber schauen Sie sich mal an, wie das Pergamonmuseum aussieht, kaum daß es nicht zusammenfällt!

Man könnte argumentieren, und ich möchte dem begegnen, die seien ja letzten Endes auch Säulen, diese Jungfrauen da auf der Akropolis. Das wäre aber völlig falsch. Die tragfähigen jungen Frauen sind Karyatiden! Und da gibt es gar nichts zu deuten.

Zweck des Tuntentums

Um es noch einmal auf den Punkt zu bringen: Wenn Sie gefragt werden, wozu „das alles" eigentlich gut ist, und was der Zweck des Ganzen sein soll, so antworten Sie am besten: *être*. Dazu können Sie lächeln oder ein ernstes Gesicht machen.

Blumenkauf

Wenn Sie Blumen kaufen wollen und nicht wissen wo, gehen Sie am besten in einen Blumenladen, um Ihr Geschäft dort in angemessenem Ambiente zu tätigen. Wenn Sie Blumen kaufen, achten Sie darauf, daß die Blüten weder zu weit geöffnet, noch zu geschlossen sind. Vermeiden Sie die Zuhilfenahme eines Maßbandes! Lassen Sie sich in dieser Frage ganz von Ihrer Intuition leiten, und machen Sie das Richtige!

Weltsicht

Es ist ein Irrtum zu glauben, die Dinge seien eben, wie sie sind. Ebenso stimmt es nicht, daß es eine objektive Realität gibt. Das hat man uns nur beigebracht, deshalb ist es so. Es gibt eine objektive Welt, bis wir nicht mehr daran glauben. Unser Glaube – das ist: unsere Weltsicht – entscheidet über unsere Welt.

Zum Beispiel gibt es diese widerlichen Angeber, die glauben, daß sie toll sind und daß alle anderen sie auch toll finden. Diese Weltsicht wird sich in fast allen Lebenslagen bestätigen – selbst wenn man mal die schöpferische Kraft der Gedanken aus dem Spiel läßt – schon aus dem Grunde, daß diese Angeber von denen, die sie widerlich finden, gemieden werden. So finden alle Leute, mit denen diese Angeber zu tun haben, sie toll. Das andere wird überhört und nicht gesehen.

Nehmen Sie sich ein Beispiel an diesen ekelhaften Leuten: Glauben Sie an das Gute, und übersehen Sie den Rest! Daß heißt nicht, daß Sie nicht bei Greenpeace Aktivistin werden können. Im Gegenteil! Wenn Sie erst daran glauben, daß die Welt gut ist, haben Sie auch die Kraft, sie wirklich zum Guten zu verändern.

Zwangsheterosexualität

Daß die Welt, in der wir leben, von Zwangsheterosexualität geprägt ist, ist im Laufe der letzten zehn Jahre unter Schwulen und Lesben jedenfalls zu einer Platitüde geworden und damit zum Schlagwort verkommen. Man macht sich kaum klar, wie weitreichend die mit der Zwangsheterosexualisierung der Gesellschaft verbundenen Konsequenzen in unseren Alltag hineinreichen und wie diese Denkmuster in unsere Köpfe wieder und wieder hineingehämmert werden.

Als kleines Beispiel können Sie mal eine Bratpfanne in die Hand nehmen. Immer bringt man uns bei, die Teflon-Beschichtung sei ein Nebenprodukt der Weltraumforschung. Man macht das, um darüber hinwegzutrösten, daß Milliarden unserer Steuergelder für friedliche Raketen verpulvert werden.

Es ist aber gar nicht wahr! Es verhält sich vielmehr umgekehrt: Die Raumfahrt verdankt ihre Existenz nämlich der Bratpfannenforschung! Aber deren Verdienste um die Menschheit werden in unserer zwangsheterosexuellen Gesellschaft kaum gewürdigt.

Liebesbeziehungen
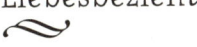

Beziehungen sind das große Thema dieses Jahrhunderts. Arten und Weisen, eine Beziehung zu führen, gibt es viele, und man nennt sie „Beziehungsmodelle".

Wenn man mit den Leuten spricht, scheiden sich die Gemüter in zwei Fraktionen: Die einen haben eine Beziehung, fühlen sich in ihrer Persönlichkeitsentfaltung eingeengt und sind unglücklich.

Die anderen haben keine Beziehung, fühlen sich in ihrer Persönlichkeitsentfaltung eingeengt und sind unglücklich.

Das ist doch merkwürdig!

Diese Tatsache legt den Schluß nahe, daß das Gefühl der Persönlichkeitsentwicklung und übrigens auch das

Gefühl der Freiheit unabhängig vom Bestehen einer Liebesbeziehung ist.

Wahrscheinlich gibt es noch eine dritte Fraktion, nämlich die glücklich Verliebten. Mit denen kann man aber nicht sprechen, weil sie erst dann aus dem Haus gehen, wenn sie sich wieder eingeengt fühlen.

Sie fragen sich bestimmt, wie ich darauf komme, daß es das gibt – glückliches Verliebtsein –, wenn ich noch nie mit jemandem gesprochen habe, der zugegeben hat, daß er oder sie glücklich verliebt ist?

Nun, ich habe mit niemandem gesprochen, der glücklich verliebt ist, aber alle waren schon einmal glücklich verliebt und mit ihrem Mann – ebenfalls glücklich – zusammen.

Es scheint also wiederum so zu sein, daß immer die letzte Beziehung, obwohl man sie offenbar beendet hat, schön und befriedigend war. Jedenfalls in der Hauptsache. Das ist doch gleichfalls merkwürdig, daß die Vergangenheit so golden und die Gegenwart so bedrückend alltäglich ist. Aus dem Wissen, daß die letzte Beziehung zu Ende gegangen ist, kann man die Gewißheit ziehen, daß man sie, solange sie noch dauerte, nicht golden gefunden hat. Wenn man sich gegenwärtig in einer alltäglichen Beziehung befindet, die einen einschränkt, kann man sich eigentlich denken, daß man sich ab einem Jahr nach ihrem Ende mit Wehmut an die goldene Zeit erinnern wird, die man jetzt gerade erlebt und nicht leiden kann. Wenn man das weiß, kann man die Zeit eigentlich gleich golden finden. Wenn man das so macht, muß man nicht erst warten, bis wieder mal alles kaputt gegangen und ein Jahr her ist.

Aktiengeschäfte

Vermeiden Sie den Besitz von zu vielen Aktien. Das ist nicht schön. Legen zu Ihr Geld lieber in Kosmetik an, oder leisten Sie sich öfter mal ein Landgut. Bestehen Sie aber auf Aktiengeschäften, so gilt wie für den Blumenkauf: Machen Sie das Richtige!

Busen

Eine gepflegte Tunte wird niemals zu Hilfsmitteln wie Socken, Unterhosen oder Bettlaken greifen, um einen Busen zu simulieren. Eine Tunte simuliert nichts und macht nichts nach. Die Tunte *ist.*

Katastrophen und Glück

Tunten haben eine bestimmte Art von Glück. Das verhält sich folgendermaßen: Von vornherein setzt sich die Welt einer gepflegten Tunte aus einer Kette von Katastrophen zusammen. Das liegt aber nicht daran, daß man als Tunte besonders viel Pech hat, sondern hat seinen Grund darin, daß alles, was geschieht, von vornherein eine Katastrophe ist. Egal was!

Das hat mit einer gewissen Unübersichtlichkeit zu tun, die die Tunte in der Welt wahrnimmt. Sobald dann irgendeine Veränderung eintritt, zum Beispiel, daß die ganze Zeit Nacht war und nun plötzlich bei Sonnenaufgang Tag wird, sieht sich die Tunte in die Situation versetzt, die ganze Welt und alles, was sie darüber weiß, in Frage zu stellen. Die anderen Menschen sehen die einzelne Veränderung als einzelne Veränderung und können sie deshalb leichter verarbeiten. Tunten denken komplexer, und wenn sich das eine ändert, wird ihnen klar, daß alles andere sich genauso ändern kann. Manche wittern deshalb auch bei kleinen Veränderungen eine Erschütterung der Grundfesten der Welt oder den Weltuntergang. Tunten sind eben gründliche Denkerinnen, und sie haben ja auch ganz recht. Nur ist es eben ein bißchen unpraktisch, alles mit allem in Verbindung zu sehen, weil es dann eben keine Sicherheit mehr gibt. Gar keine.

So kommt also die Kette von Katastrophen zustande. Diese Kette von Katastrophen ist die Interpretation des Lebens einer gepflegten Tunte – ihre Weltsicht, wie andere Menschen die Welt und das Leben als Entwicklung zum Guten oder zum vereinigten Europa zu lesen.

Was ist Glück in einer Welt, die ausschließlich aus Katastrophen besteht? In dieser Welt geschieht eigentlich nichts, was einfach so gut oder begrüßenswert ist. Dafür kommt es aber relativ häufig vor, daß sich zwei Katastrophen gegenseitig aufheben. Das ist das Glück der gepflegten Tunte.

Ich möchte meine Ausführungen durch zwei Beispiele anschaulicher machen.

Man befindet sich zum Beispiel gerade auf Gran Canaria. Das ist keine wirkliche Katastrophe. Man möchte aber trotzdem nach La Gomera, also einer benachbarten Insel. Man weiß, daß es interinsularen Flugverkehr gibt, deshalb möchte man fliegen. Dann stellt sich heraus, daß ausgerechnet auf La Gomera kein Flughafen ist. Das ist die erste Katastrophe. Die zweite Katastrophe ist die, daß man feststellt, daß man sich den Flug finanziell nicht leisten kann. So hebt die zweite Katastrophe die erste auf: weil Flüge zwischen den Inseln so teuer sind, ist es auch egal, daß La Gomera keinen Flughafen hat.

Ein einfacheres Beispiel wäre etwa: Man will ausgehen, stellt fest, daß man nichts zum Anziehen hat, dann zündet man frustriert eine Zigarette an, und wie man so in sich hineinhorcht, merkt man, daß man doch keine Lust hat auszugehen. Womit sich die beiden Katastrophen, nichts zum Anziehen zu haben und nicht weggehen zu wollen, aufheben und das Problem erledigt ist.

Freiheit und Reichtum

Was ist Freiheit? Mit der Freiheit ist es ein ganz erstaunliches Ding. Stellen Sie sich mal vor, die Freiheitsstatue in New York, oder wo die steht, würde sich mal einen Moment lang hinsetzen wollen. Das wäre doch nun wirklich nicht zuviel verlangt, bedenkt man, wie lange sie die Fackel der Freiheit schon klaglos in Händen hält. Man wird ihr aber diesen kleinsten der Wünsche versagen.

Oder nehmen wir mal an, die Freiheitsstatue fühlt sich aus persönlichen Gründen gar nicht mehr wohl in den Vereinigten Staaten und will sich mal angucken, wie es meinetwegen in der Schweiz aussieht. Das darf sie erst recht nicht. Die Arme muß stehen und stehen und ist die Sklavin der Freiheit. Es gibt aber einen Weg für sie: Sie muß nur stehen wollen, und schon ist sie eine freie Frau, die die ganze Zeit über genau das macht, was sie wirklich machen will.

Für Sie als gepflegte Tunte heißt das jetzt: Wenn Sie zum Beispiel die Freiheitsstatue sein wollen, wird man Sie natürlich nicht lassen; die Amerikaner sind ja in mancherlei Hinsicht ein bißchen eigen.

In diese Lage gekommen, müssen Sie nur denken: Pah, die dumme Kuh! Soll sie sich doch die Beine in den Bauch stehen! Was interessiert es mich, wie man sich als Freiheitsstatue fühlt? Schon sind Sie eine freie Frau und fühlen sich wieder gut! Denn niemand wird Sie dazu zwingen, die Pflichten einer Statue zu erfüllen, und Sie machen genau das, was Sie wollen: „Bloß nicht Freiheitsstatue sein müssen!"

Das hört sich auf den ersten Blick an, als wäre es ein fauler Kompromiß. Ist es auch, aber hier geht es nicht um Wahrheit, sondern um ein gutes Gefühl. Was haben Sie davon, sich unfrei zu fühlen, nur weil man Sie ständig verprügelt, wenn Sie Ihr gutes Kleid anhaben? Nichts!

Fühlen Sie sich also frei, und schon ist alles genau wie vorher, aber Sie haben ein besseres Gefühl dabei. So ungefähr sagt das auch Herr Kant, nur mit ein bißchen anderen Worten.

Wieviele Tunten glauben nicht auch, sie müßten erst Karriere machen, viel Geld verdienen und Macht haben, dann werden sie sich auch frei fühlen. Das ist aber völliger Unsinn! Wer Geld liebt, den macht Geld nicht satt, schreibt schon der Prediger Salomo, und mit der Macht ist es noch viel schlimmer. Lernen Sie, sich jetzt und hier frei zu fühlen. Denn freier werden Sie in keiner anderen Situation sein. Es sei denn, Sie gründen einen eigenen Staat und werden da Königin. Das ist aber anstrengend. Ich selbst habe dieses Ziel mehrere Wochen lang verfolgt und dann aufgegeben, weil ich nicht

rausgekriegt habe, wohin man seine Unabhängigkeits-
erklärung schicken soll: zum Kanzler, zum Präsidenten
oder gleich zum Verfassungsschutz. Also wenn Sie
nicht *sehr* fleißig sind, sollten Sie das sein lassen mit
dem Königinnentum auf politischer Ebene. Wahrscheinlich haben Sie, also mir ging es so, auch gar
nicht das passende Service.

Reichtum ist eine ähnliche Einbildung. Jedenfalls
fühlen Sie sich nicht wohl, wenn Sie sich nur ein Palais
in Florenz und eins in Paris leisten können und kein
drittes in Berlin. Aber das ist ja ein alter Hut, und Sie
wissen das im Herzensgrunde auch selber. Geld macht
zwar glücklich, aber vorher muß man lernen, sein Glück
auch tragen zu können, sonst gibt das wieder nichts!

Typensex

Man redet darüber, man wird danach gefragt. Man
fragt nach dem Typ, nach der Sorte Mann, mit dem
man anbandeln will, mit dem man schlafen will und
mit dem man womöglich zusammensein will. Das ist
Unfug! Und alle wissen es im Grunde. Wenn man darauf wartet, daß man den Typ, den man sich ausgedacht
hat, findet, kann man sicher sein, daß man immer
wartet.

Was aus dieser Einstellung entsteht, möchte ich Typensex nennen. Typensex zu wollen ist ein bißchen wie
das Tragen von Markenkleidung. Markenkleidung ist
nicht unbedingt schön. Wenn man das Etikett ab-
schneidet und sich vom Denken in Typen distanziert,
kann man viel besser sehen, ob einem das Kleidungsstück wirklich gefällt oder nicht.

Demut und Selbstachtung

Demut gibt es in zwei Ausführungen: bewußte und unbewußte Demut. Alles in allem ist von unbewußter Demut im Umgang mit anderen Menschen dringend abzuraten, weil es nicht nötig und nicht schön ist.

Es macht aber kaum Sinn, Sie vor unbewußter Demut zu warnen, weil sie unbewußt ist.

Hier hilft nur eines: vermehrte Selbstbeobachtung! Wenn Sie feststellen, daß Sie zuvorkommend höflich und im wörtlichen Sinne zwanghaft eitel sind, sollte das Ihnen Grund zu der Überlegung geben, ob es nicht langsam an der Zeit ist, mit der unbewußten Demut, mit den Minderwertigkeitsgefühlen aufzuhören.

Als Übung schlage ich Ihnen folgendes vor: Ziehen Sie sich etwas Häßliches an, und waschen Sie sich nicht. Jetzt machen Sie Ihre Besorgungen wie gewohnt und treffen einen Freund oder eine Freundin. Sie werden feststellen, daß man Sie um keinen Deut anders als sonst behandelt. Sollte das doch der Fall sein, dann wissen Sie wenigstens, woran Sie bei der betreffenden Person sind. Zumeist aber werden die Leute finden, Sie sähen doch aus wie sonst auch. Keine Ihrer Befürchtungen von Einsamkeit und Spott wird sich von Seiten eines normaltemperierten Menschen einstellen. Befreit können Sie von jetzt an entscheiden, ob Sie sich schön machen wollen oder ob Sie heute nicht dazu aufgelegt sind.

Generell muß aber gesagt sein, daß es den meisten von uns gepflegten Tunten guttut, auch einmal bewußt häßlich zu sein. Das hebt das Selbstbewußtsein auf ganz erstaunliche Weise.

Wagner-Musik

Oscar Wilde sagt, die Musik von Herrn Wagner liebt er am meisten, weil die so laut sei, daß man sich in der Loge ungestört unterhalten könne. Das ist völliger Unsinn, jedenfalls heutzutage. Da kann man mal wieder sehen, wie Wahrheiten ihre Gültigkeit verlieren. Heutzutage kann man dank moderner Technik auch Bach in unerträglicher Lautstärke hören.

Männer abschleppen

Angeblich kriegen Tunten keine Männer ab. Das ist vielleicht so, aber man muß abwägen, wer diese Information in die Welt gesetzt hat. Die Tunte redet in absoluten Wendungen. Wenn sie also sagt: „Keiner sieht mich an!", bedeutet das im Grunde, daß nicht alle sie ansehen. Und entsprechend bedeutet der Satz: „Nie kriege ich einen ab!", daß nicht alle Männer mit der Dame, die diese Äußerung getan hat, schlafen wollen. Man muß das also etwas relativieren.

Ein zweites kommt hinzu: die Klemmtunten – also diejenigen unter den Schwulen, die gerne öfter mal Fummel tragen wollen und eine Affinität zum Tuntentum verspüren, sich dieses Bedürfnis aber nicht zugestehen – reagieren auf die Tunte, bei der sie ablehnen, was sie auch bei sich selbst ablehnen, aggressiv und wollen ihr übel. Diese Leute sagen dann: „Die kriegt doch nie einen Mann ab!"

Trotzdem ist es wirklich so, daß man es als Tunte recht schwer hat. Zum einen liegt das daran, daß es innerhalb der schwulen Gesellschaft eine recht klar definierte Rangordnung gibt. Die fängt beim schönen muskulösen jungen Mann an, bis sie über den alten Schwulen ganz unten bei der Tunte ankommt. Nicht alle machen da mit, aber das ist doch recht präsent. Viele trauen sich dann nicht, eine Tunte anzubaggern, obwohl sie es wenigstens mal gerne gemacht hätten, weil sie den Klatsch der anderen fürchten und natürlich den damit einhergehenden Prestigeverlust innerhalb der Gemeinde. Man kann sich eine schwule Disco etwa wie eine Kleinstadt vorstellen, in der man permanent beobachtet wird und in der man ebenso permanent dahingehend überprüft wird, ob man mit bestimmten Verhaltensweisen – Kleidung ist in diesem Sinn auch Verhalten – konform geht. Wenn nicht, wird man geächtet.

Ein weiterer Aspekt, der wahrscheinlich noch mehr zum Tragen kommt und der auch nicht so ekelhaft wie der gerade vorgestellte ist, ist die Tatsache, daß Schwule eben auf Männer stehen und deshalb eine, wenn auch nur formale, Annäherung an das weibliche Geschlecht nicht attraktiv finden. Da hat ja auch niemand was gegen; eine Tunte selbst wird auch kaum eine andere Tunte sexuell attraktiv finden.

Wer sich aber von Tunten angezogen fühlt, und diese Menschen gibt es durchaus, und sich über eine Norm hinwegsetzen kann, der wird sich auch gerne von einer gepflegten Tunte abschleppen lassen und Geschlechtsverkehr mit ihr pflegen.

Das sind dann entweder Leute, die Ihre Fummel mal anprobieren wollen, oder richtige Männer, die keine Angst vor sich selbst haben. Die haben dann auch keine Potenzprobleme, weil sie eine gewisse ruhige Selbst-

sicherheit erreicht haben. Und das ist ja sehr angenehm.

Wenn man sagt, eine Tunte kriegt keinen ab, liegt der
Fehler auch oft darin, daß man eine Tunte nur als Tun-
te begreift, wenn sie im Fummel ist. Das ist natürlich
Unsinn. Eine Tunte ist immer Tunte, wenn sie will.
Nicht nur, wenn sie irgendwelche Kleider anhat. Ein
Mann ist ja auch im Spitzenhemdchen ein Mann.
Wenn die Tunte also in Männerkleidung geht – und
man kann das machen, ohne sich zu verleugnen –,
gleichen sich ihre Chancen denen der anderen Besu-
cher des Lokals an.

Takt

Das Taktgefühl ist eine dankenswerte Erfindung. So
dankenswert, daß die englischsprachigen Länder es
neben den Worten „Kitsch", „Zeitgeist", „Weltgeist"
und „Blitzkrieg" in ihren Wortschatz übernommen
haben.

Trotzdem möchte ich vor zuviel Takt warnen! Oft
denken beide Gesprächspartner darüber nach, was
dem anderen wohl recht sei, und dann wird das gemacht, was keiner will, weil beide denken, der andere
wolle es. Man braucht ein höfliches, aber klares Wort
in keiner Weise zu scheuen.

Ich erinnere in diesem Zusammenhang an den
schlechten Barockkomponisten Lully. Der hat sich mit
dem Taktstock in den Fuß gestochen und ist infolge
der so entstandenen Blutvergiftung leider gestorben.

Vorbilder

Wir haben, sagt man mir, alle unsere Vorbilder, wobei *wir* wir Menschen meint. Das ist sicher richtig. Mein Vorbild ist jemand – ich muß den Namen vergessen haben – der sagte, er habe keine Vorbilder.

Geschlechtsfindung

Dunkel, aber lebhaft erinnere ich mich daran, in jungem Alter anläßlich der Geburt eines Cousins meine Mutter gefragt zu haben, woher man denn wisse, ob es sich bei dem Cousin um einen Jungen oder ein Mädchen handle.

Meine Mutter sah mich etwas erstaunt an; ich dachte schon, über diese Frage habe sie sich noch nie Gedanken gemacht. Da lag ich aber falsch. Sie sagte, man müsse eben einfach nachsehen, ob Junge oder Mädchen.

Dieses etwas umständliche „Nachsehen" löste in mir die Vorstellung aus, Kinder kämen bereits mit Windeln zur Welt, und die müsse man zuerst entfernen, um dann nachsehen zu können.

Schon damals war ich über die Banalität des Vorgangs ziemlich entsetzt und dachte so bei mir, daß es das ja wohl nicht gewesen sein könne.

Später einsetzende eigene Feldstudien haben die These meiner Mutter zwar in den meisten Fällen bestätigt, trotzdem ist mir ein recht deutliches Unbehagen an dieser Form von Empirie geblieben.

Einige Zeit später sollte ich dann plötzlich keine Kleider und Röcke mehr tragen und zwar, wie man mir auf meine Nachfrage hin bedeutete, weil ich ein Junge sei.

Ich erinnere mich daran, einige Verwunderung verspürt zu haben über die Kleinlichkeit, aus einem solch unbedeutenden Unterschied wie dem, anhand dessen man das Geschlecht zuerst bestimmen mußte, ein solches Aufhebens zu machen und dann auch noch solche merkwürdigen Konsequenzen, wie die der Zuordnung von Geschlecht und Kleidungsstück zu ziehen. Es wollte mir viel sinnvoller erscheinen, wenn es denn sein sollte, die Menschen in schwarzhaarige und blonde einzuteilen, anstatt in männliche und weibliche, weil mir diese Unterscheidung viel nützlicher zu sein schien.

Die abschließende Bemerkung
~

In der ganzen kleinen Schrift haben Sie nahezu nichts über Sex gelesen. Das sollte Ihnen zu denken geben.

Wenn Sie bis hierher durchgehalten haben, seien Sie beglückwünscht und versichert: Sie sind sehr ungewöhnlich! Und seien Sie noch einmal daran erinnert: Denken Sie an Columbus und segeln Sie los!

Segeln Sie los, und freuen Sie sich über den Wind, der Ihnen entgegenbläst!